汽车维修专业技师教材

汽车防滑控制系统检修

● 孙文平　主编　● 万军海　主审

人民交通出版社

内 容 提 要

本书是交通职业教育教学指导委员会推荐教材，也是汽车维修专业技师教材。由交通职业教育教学指导委员会汽车（技工）专业委员会根据全国交通技师学院汽车维修专业教学计划与教学大纲，以及交通行业职业技能规范和技术工人等级标准组织编写而成。

本书内容主要包括：制动防抱死及防滑控制系统概述、制动防抱死系统的检修、驱动防滑与稳定控制系统的检修，共3个单元。

本书供全国交通高级技工学校、技师学院汽车维修专业教学使用，也可作为相关岗位培训或自学用书，同时可供汽车维修技术人员阅读参考。

图书在版编目（CIP）数据

汽车防滑控制系统检修/孙文平主编．—北京：人民交通出版社，2007.4

ISBN 978－7－114－06473－9

Ⅰ．汽…　Ⅱ．孙…　Ⅲ．汽车－机械防滑刹车系统－车辆修理－高等学校：技术学校－教材　Ⅳ．U472.41

中国版本图书馆CIP数据核字（2007）第041590号

书　　名：汽车防滑控制系统检修
著 作 者：孙文平
责任编辑：智景安
出版发行：人民交通出版社
地　　址：（100011）北京市朝阳区安定门外外馆斜街3号
网　　址：http://www.ccpress.com.cn
销售电话：（010）59757969，59757973
总 经 销：北京中交盛世书刊有限公司
经　　销：各地新华书店
印　　刷：北京市密东印刷有限公司
开　　本：787×960　1/16
印　　张：3.25
字　　数：49.3千
版　　次：2007年4月第1版
印　　次：2010年7月第2次印刷
书　　号：ISBN 978－7－114－06473－9
印　　数：5001－7000册
定　　价：6.00元
（如有印刷、装订质量问题的图书由本社负责调换）

人民交通出版社
重印书生产通知单

2014年8月26日

书号	06473-9
定价	6.00

生产号		开本	1/16	第 1 版第 4 次印刷	
书名	汽车防滑控制系统检修			字数	49.3千
著译者	孙文平	通讯地址	原址		
印数稿酬	按合同	赠著译者样书册数			
备注	修改版权页. 重印2000册. 送汽教中心1册样书.				

社长：胡[illegible] 8.26

编辑室主任：李斌 8.26.

编辑：曹延鹏

本单一式5份：编辑部、总编办、印务部、发行部、财务处各1份。

交通职业教育教学指导委员会
汽车(技工)专业指导委员会

前　言

为贯彻落实《国务院关于大力发展职业教育的决定》以及教育部等六部门《关于实施职业院校制造业和现代服务业技能型紧缺人才培养培训工程的通知》精神，适应汽车工业飞速发展和汽车运用与维修专业技能型紧缺人才培养的需求，交通职业教育教学指导委员会汽车（技工）专业指导委员会组织全国交通高级技工学校和技师学院专业教师，按照《全国交通技师学院汽车维修专业教学计划与教学大纲》以及汽车维修技师职业标准的要求，编写了汽车维修专业技师教材，供全国交通高级技工学校和技师学院汽车维修专业教学使用。

本系列教材总结了全国交通高级技工学校、技师学院多年来的专业教学经验，注重以学生就业为导向，以培养能力为本位，教材内容符合汽车维修专业教学改革精神，适应汽车维修行业对技能型紧缺人才的要求，具有以下特点：

1. 采用计划叠加方式构建技师教材体系。全国交通高级技工学校通用教材中的《汽车发动机电控系统检修》等7门专项高级技能训练教材由本次编写出版，也可与汽车维修专业技师教材配套使用。在此基础上增加了《汽车维修案例分析》等7门维修管理及维修经验类教材，形成了一套完善的汽车维修专业技师教材体系。

2. 教材内容与技师等级考核相吻合，便于学生毕业后适应岗位技能要求。

3. 教材注重实用性，体现先进性，保证科学性，突出实践性，贯穿可操作性，反映了汽车工业的新知识、新技术、新工艺和新标准，其工艺过程尽可能与当前生产情景一致。

4. 教材体现了汽车维修技师应知应会的知识技能要求，更注重了汽车维修传统经验与现代维修技术的有机结合。

5. 教材文字简洁，通俗易懂，以图代文，图文并茂，形象直观，形式生动，容易培养学生的学习兴趣，提高学习效果。

《汽车防滑控制系统检修》是专项高级技能训练教材之一，内容包括：制动防抱死及防滑控制系统概述、制动防抱死系统的检修、驱动防滑与稳定控制系统检修3个单元。

本书由陕西交通技术学院孙文平担任主编（编写单元一、单元二），陕西交通技术学院侯相斌编写单元三；全书由广州市交通高级技工学校万军海担任主审。

由于编者的经历和水平有限，加之汽车维修技师教材是首次编写，教材内容难以覆盖全国各地的实际情况，希望各教学单位在积极选用和推广本套教材的同时，注重总结经验，及时提出修改意见和建议，以便再版修订时改正。

交通职业教育教学指导委员会
汽车（技工）专业指导委员会
2007年2月

目　录

单元一　制动防抱死及防滑控制系统概述

知识目标

熟悉防滑控制系统的分类、组成及工作方式。

技能目标

1. 熟悉防滑控制系统的检修程序。
2. 熟悉防滑控制系统检修用设备。

课题一　制动防抱死及防滑控制系统的控制方式

一、滑移率

汽车防滑控制系统属于汽车主动安全控制系统，由制动防抱死系统和驱动防滑控制系统两部分组成。

制动防抱死系统是在制动过程中防止车轮抱死，避免车轮出现滑移，从而保证汽车在制动过程中的稳定性。驱动防滑控制系统（牵引力控制系统）是在汽车起步、加速、转向过程中，防止车辆出现滑移，从而提高汽车行驶的稳定性。

汽车行驶过程中，车轮的纵向运动状态有滚动和滑动两种，滑动又分为滑移和滑转两种状态。一般用滑移率 S 表示车轮运动过程中滑动成分所占的比例。

$$S = (v - r \cdot \omega)/v \times 100\%$$

式中：S——滑移率；

v——车身瞬时速度；

ω——车轮转速；

r——车轮半径。

在车轮纯滚动时，$S=0$；车轮纯滑动时，$S=100\%$；车轮边滚边滑时，S 介于 0 和 100% 之间。实践证明，滑移率在 10% ~30% 之间时，汽车和路面之间附着系数最大。制动防抱死系统和驱动防滑控制系统,分别针对汽车在制动状态和急加速状态下对车轮的滑移率进行调节,使其滑移率保持在10%～30%之间,保证汽车的稳定性。

二、制动防抱死系统的控制方式

制动防抱死系统的基本组成如图1-1所示。普通制动系统工作时,基本上可以分为3个阶段。第一阶段:车轮为纯滚动;第二阶段:车轮处于边滚边滑状态;第三阶段:车轮被抱死,在路面上拖滑。

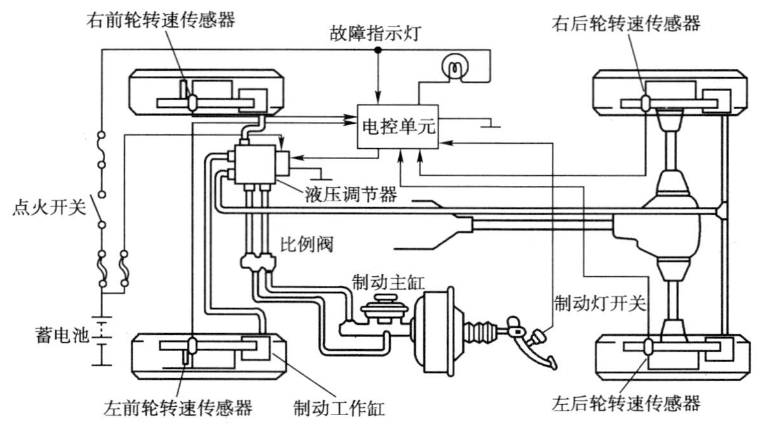

图1-1　制动防抱死系统的基本组成

制动防抱死系统在普通制动系统的基础上加入制动力调节装置。车轮速度传感器检测车轮转速,并将车轮速度信号输入到电子控制单元,电子控制单元根据车轮速度变化适时地向制动力调节装置发出指令,对制动力的大小进行调节,以保证车轮滑移率控制在10%～30%之间,防止车轮抱死滑移,保证汽车制动的稳定性。

三、驱动防滑控制系统的控制方式

驱动防滑控制系统的基本组成如图1-2所示,其功用是在汽车起步或急加速时,控制车轮不出现滑转现象,使滑移率保持在10%～30%之间,确保车轮与路面之间有最大的附着力和足够的驱动力。驱动防滑控制系统的控制方式有3种:通过对发动机的点火参数、节气门位置、供油量等进行控制,调整发动机输出转矩;对驱动车轮进行制动;锁止差速器等。现代车辆上装用的驱动防滑控制系统可以单独采用上述3种方式之一,也可以是3种方式的组合。

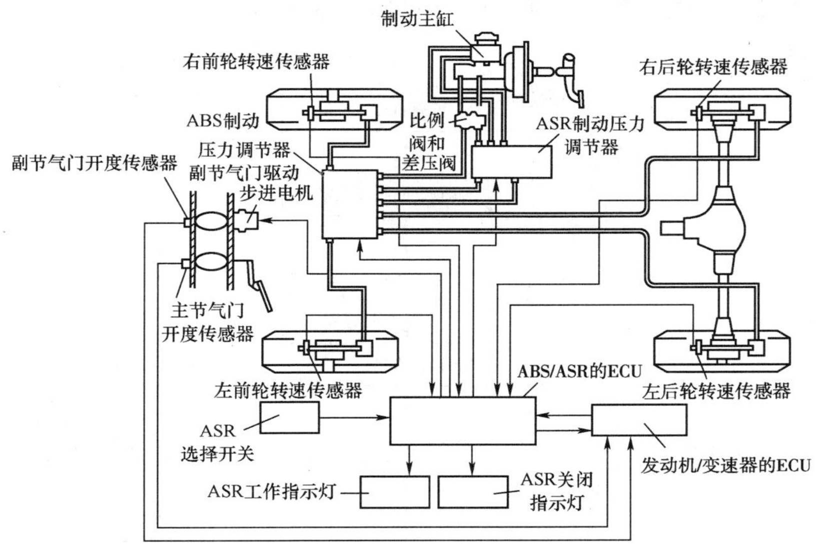

图 1-2　驱动防滑控制系统的基本组成

四、制动防抱死控制系统与驱动防滑控制系统的区别

制动防抱死系统和驱动防滑控制系统都是对汽车的滑移率进行控制,以获得汽车的行驶稳定性,制动防抱死系统控制车轮的“负滑移率”,对所有车轮进行控制;驱动防滑控制系统控制车轮的“正滑移率”,只对驱动车轮进行控制。装备驱动防滑控制系统的汽车,一般都装备制动防抱死系统,而且与制动防抱死系统共用一些装置。

课题二　防滑控制系统维修注意事项

一、防滑控制系统的检修程序

防滑控制系统出现故障时,系统指示灯闪烁,控制系统不起作用。检修防滑控制系统的一般程序如图 1-3 所示。

二、制动防抱死及防滑控制系统维修注意事项

① 防滑控制系统在维修之前,应关闭点火开关,从蓄电池上拆下搭铁线。在点火开关处于打开位置时,不要拆装有关电器元件和线束插头,以免损坏电器元件。

② 防滑控制系统维修的工作环境必须清洁,不能使用含矿物油的物质。

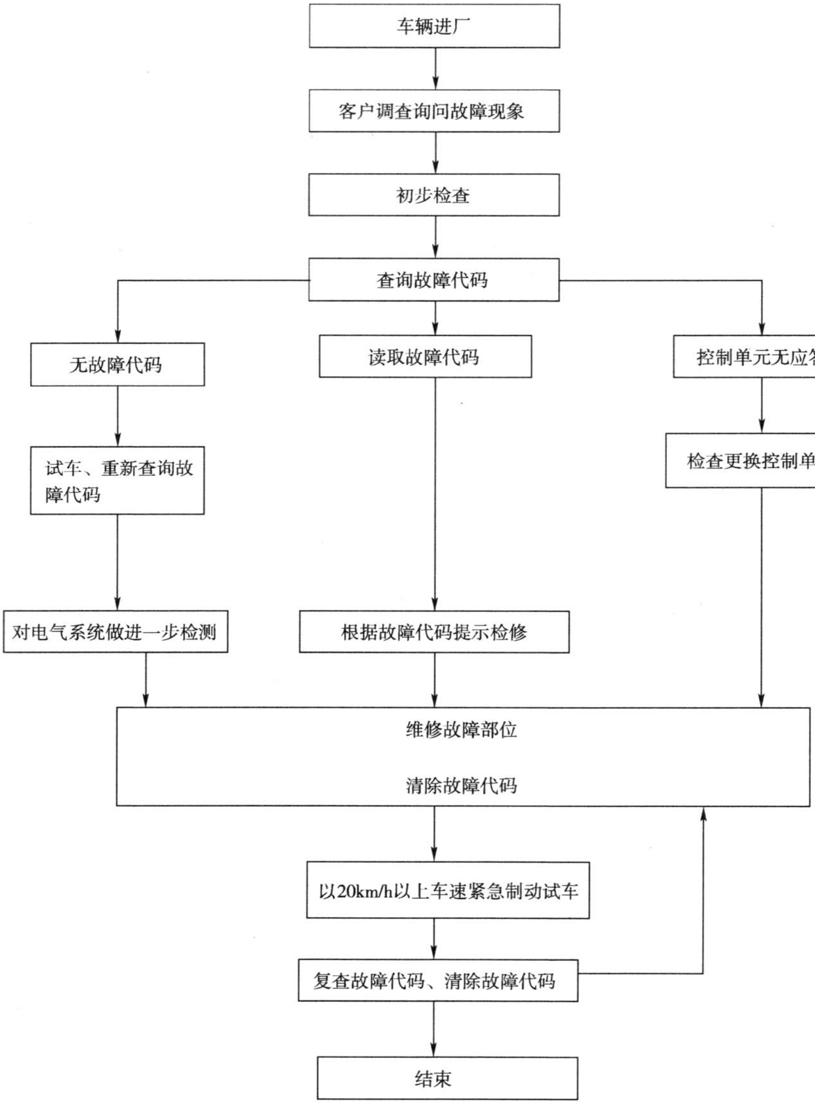

车辆进厂

客户调查询问故障现象

初步检查

查询故障代码

无故障代码

读取故障代码

控制单元无应答

试车、重新查询故障代码

检查更换控制单元

对电气系统做进一步检测

根据故障代码提示检修

维修故障部位

清除故障代码

以20km/h以上车速紧急制动试车

复查故障代码、清除故障代码

结束

图 1-3　防滑控制系统的一般检修程序

③ 对于有蓄压器的制动防抱死系统,在维修前要先卸压。在液压系统未维修完成之前,不要接通点火开关,防止电动油泵运转。

④ 拆下的零件必须放置在干净的场所，并且覆盖好。

⑤ 不要用起毛的抹布擦拭液压元件。

⑥ 保持车轮转速传感器的清洁，否则会影响到车轮转速信号的准确性。在维修过程中不要硬撬或敲击车轮转速传感器，造成零件工作不良。

⑦ 多数制动防抱死系统和驱动防滑控制系统的零部件为不可修复的，如果经检测有损坏，应整体更换。

⑧ 制动防抱死系统与普通制动系统是不可分的，在维修时要将两者视为整体进行维修。

⑨ 制动防抱死系统打开后不要移动车辆。完成维修作业后，要对系统进行排气。

⑩ 维修完成后在试车时，至少进行一次紧急制动，当制动防抱死系统工作时，会在制动踏板上感到有反弹力，并可感觉到车速降低而且平稳。维修结束后，清除所有故障代码。

三、防滑控制系统检修所用检测设备

防滑控制系统检修时所用的检测设备有专用设备和通用设备两种。专用设备指生产厂家配套检测设备，如大众专用的 V. A. G1551/1552；通用设备指可以对多个生产厂家产品进行检测的设备，如元征 X431、K81、Bosch、Snap-on 等。

单元二　制动防抱死系统的检修

知识目标

1. 熟悉制动防抱死控制系统电子控制单元端子功用。
2. 熟悉典型车型制动防抱死控制系统的系统电路。

技能目标

1. 熟练掌握制动防抱死控制系统车轮转速传感器的拆装与检修工艺。
2. 熟练识读制动防抱死控制系统电路图。
3. 熟练掌握制动防抱死控制系统执行器的检修工艺。
4. 熟练掌握制动防抱死控制系统的故障检测工艺。

课题一　制动防抱死系统传感器的检修

图 2-1 所示为上海帕萨特轿车装用的 MARK 20I/E 制动防抱死系统的零部件。现以此车型为例介绍制动防抱死系统的检修。

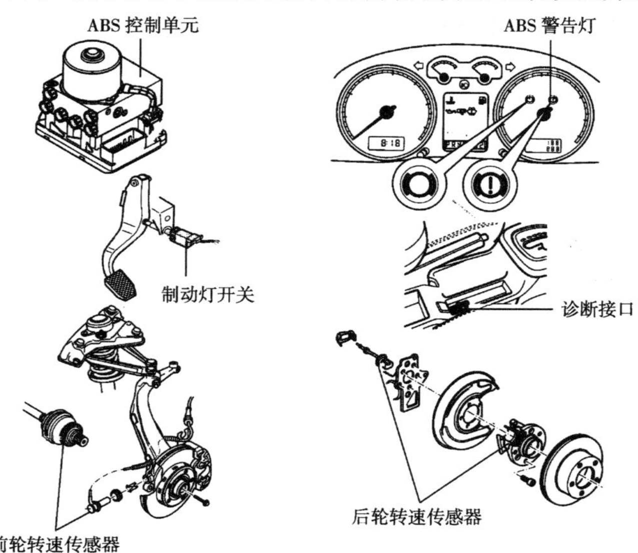

图 2-1　上海帕萨特轿车制动防抱死系统

一、传感器的拆卸

1. 前轮转速传感器的拆卸

前轮转速传感器的结构如图 2-2 所示。

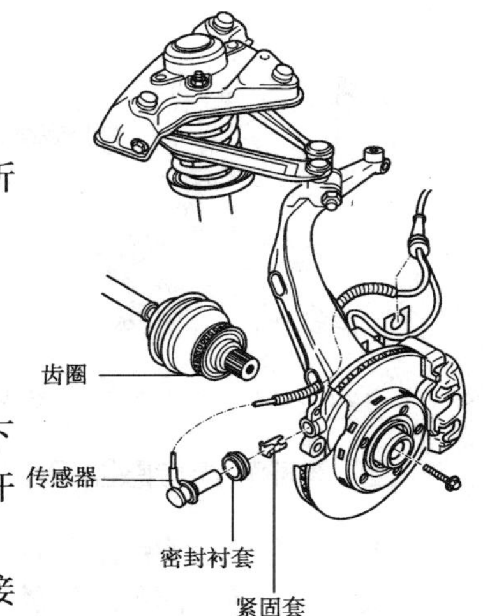

图 2-2 前轮转速传感器

① 松开车轮螺栓。

② 举升车辆。

③ 拆卸车轮。

④ 松开车轮罩壳内的导线套环，拔下车轮转速传感器导线接头，从支架上松开车轮转速传感器导线，如图 2-3 所示。

⑤ 松开制动摩擦片磨损传感器的接头，将接头底部的锁片抬起并转动 90°，将接头底部从支架上脱出，将车轮转速传感器从车轮罩壳中拉出，如图 2-4 所示。

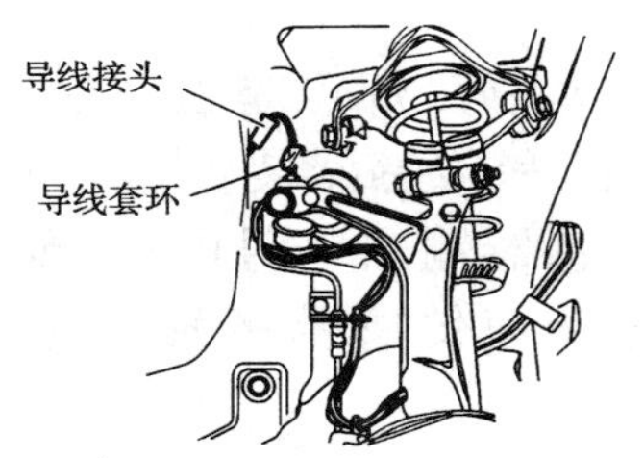

图 2-3 拆卸前轮转速传感器导线

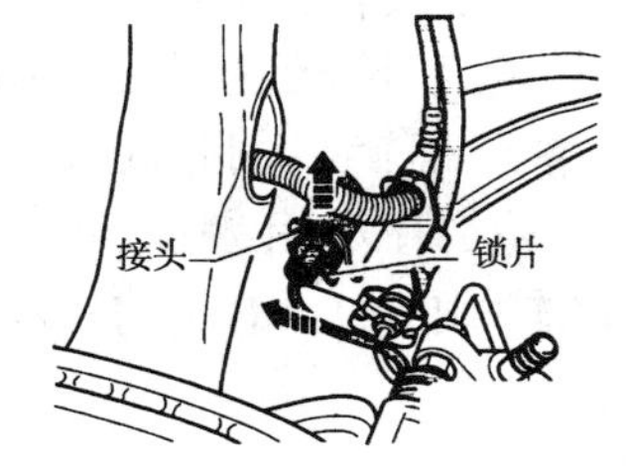

图 2-4 拆卸前轮转速传感器

2. 后轮转速传感器的拆卸

① 拆卸后座，拆卸门柱和侧面内饰，拆卸 C 柱内饰。

② 拔下车轮转速传感器导线接头，并取下导线套环，如图 2-5 所示。

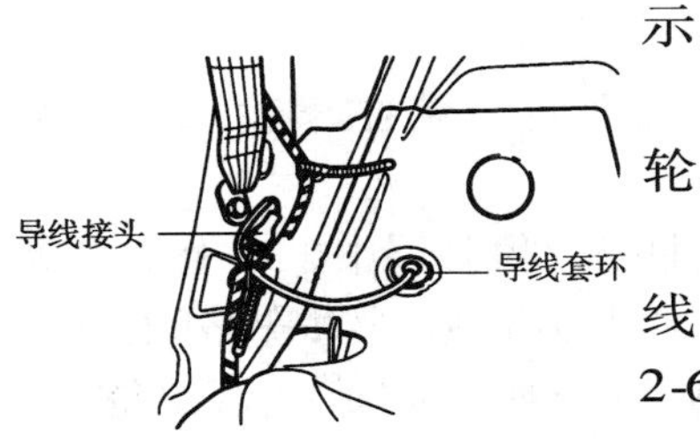

图 2-5 拆卸后轮转速传感器导线

③ 松开车轮螺栓，举升车辆，拆下车轮。

④ 从支架上松开车轮转速传感器导线，取下车轮转速传感器导线的夹箍，如图 2-6 所示。

⑤ 将车轮转速传感器从车轮罩上取下，如图 2-7 所示。

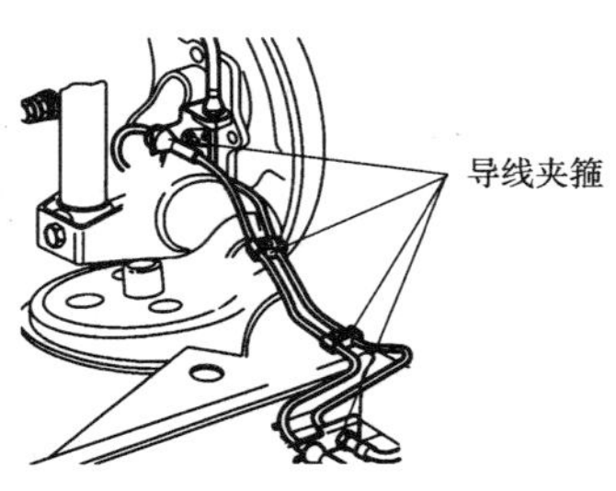

图 2-6　拆卸后轮转速传感器导线夹箍

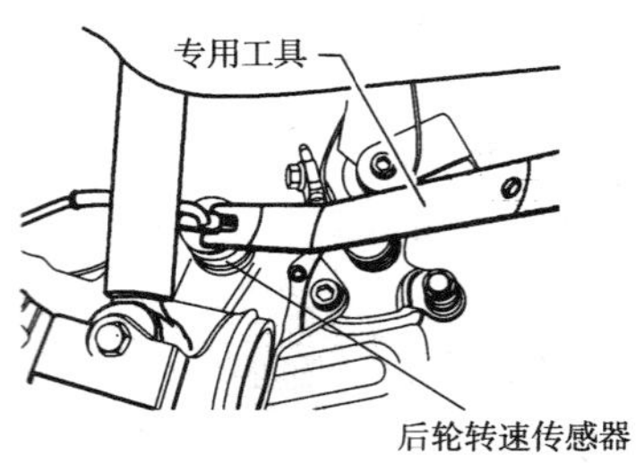

图 2-7　拆卸后轮转速传感器

二、车轮转速传感器的检测与维修

① 车轮转速传感器拆下后，检查齿圈或脉冲轮的轮齿是否完好，如有缺损，更换齿圈。前轮转速传感器的齿圈与等速万向节为一体，后轮转速传感器与车轮轴承/轮毂为一体，更换时应同时更换。

② 清洁传感器表面的脏物，清洁导线插头和插座触点。

③ 用万用表检查 4 个车轮转速传感器的电阻，其阻值应为1.0 ~ 1.3Ω，否则更换传感器。

④ 检查车轮转速传感器的导线是否完好、焊点是否有松动现象。

⑤ 举升车辆，关闭点火开关，将齿圈和传感器装合，以 1r/s 的速度转动车轮，用万用表交流量程检查传感器输出信号电压，前轮转速传感器的输出电压不低于 65mV，后轮转速传感器的输出电压应在 190 ~ 1140mV。

三、传感器的装复

1. 前轮转速传感器的装复

① 安装车轮转速传感器之前，清洁安装孔内壁，并在车轮转速传感器四周涂上油脂。

② 将车轮转速传感器安装到位。

③ 将车轮转速传感器导线固定到支架上并安装在车轮罩上的导线套环内。

④ 将制动摩擦片磨损传感器的接头插入到制动钳支架上。制动摩擦片磨损传感器的导线走向必须位于制动支架和制动管路间。

⑤ 左右转动车轮，检查车轮转速传感器导线的间隙是否足够。

2. 后轮转速传感器的装复

① 安装车轮转速传感器之前，清洁安装孔内壁，并在车轮转速传

感器四周涂上润滑脂。

② 用手将车轮转速传感器插到车轮罩底部,如图 2-8 所示。注意车轮转速传感器的安装方向:在左侧车轮上,凸耳朝向前方;在右侧车轮上,凸耳朝向后方。

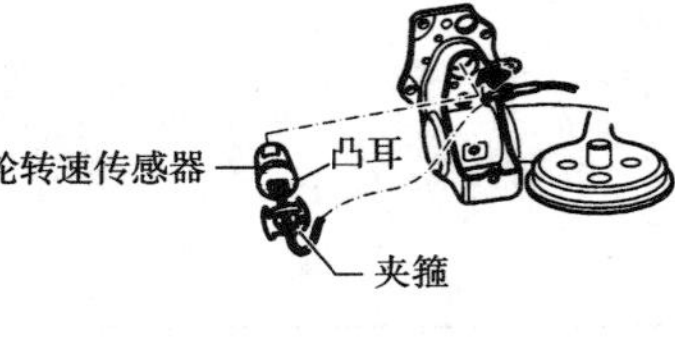

图 2-8 安装后轮车轮转速传感器

③ 将车轮转速传感器夹箍装上。

④ 布置车轮转速传感器导线。布置时要注意:将车轮转速传感器导线布置在制动油管旁,如图 2-9 所示;在左侧必须保证排气管隔热罩与车轮转速传感器导线有 2cm 的距离;在右侧,车轮转速传感器导线必须布置在燃油管之间,如图 2-10 所示。

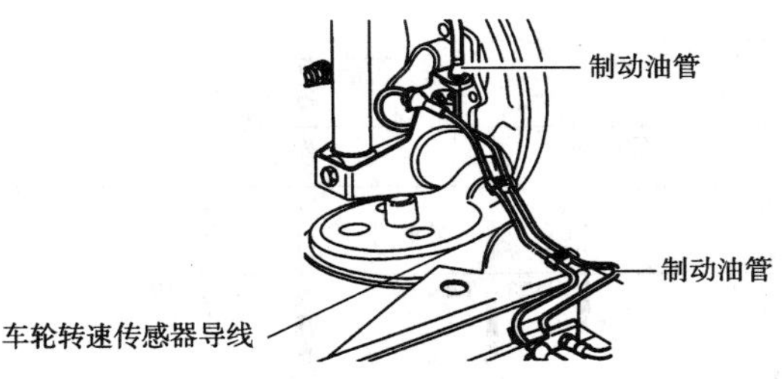

图 2-9 布置车轮转速传感器导线

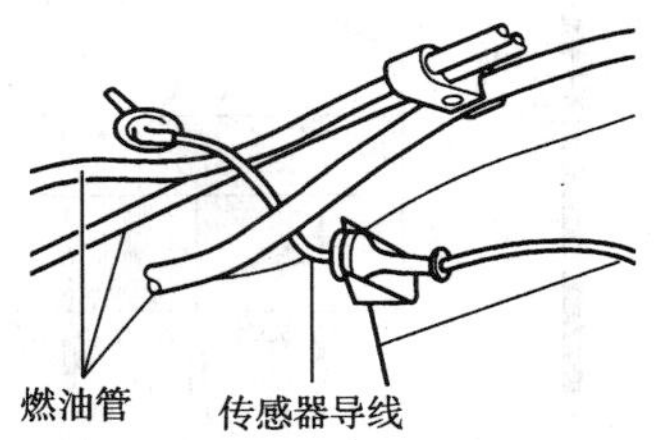

图 2-10 车轮转速传感器导线与燃油管位置

课题二 制动防抱死系统电路的识读与 ECU 的检修

一、系统电路

上海帕萨特轿车制动防抱死系统的电路如图 2-11 所示。

二、制动防抱死系统 ECU 端子说明

上海帕萨特轿车制动防抱死系统的电子控制单元的接口为 25 针插头,如图 2-12 所示,各触点的功能见表 2-1。

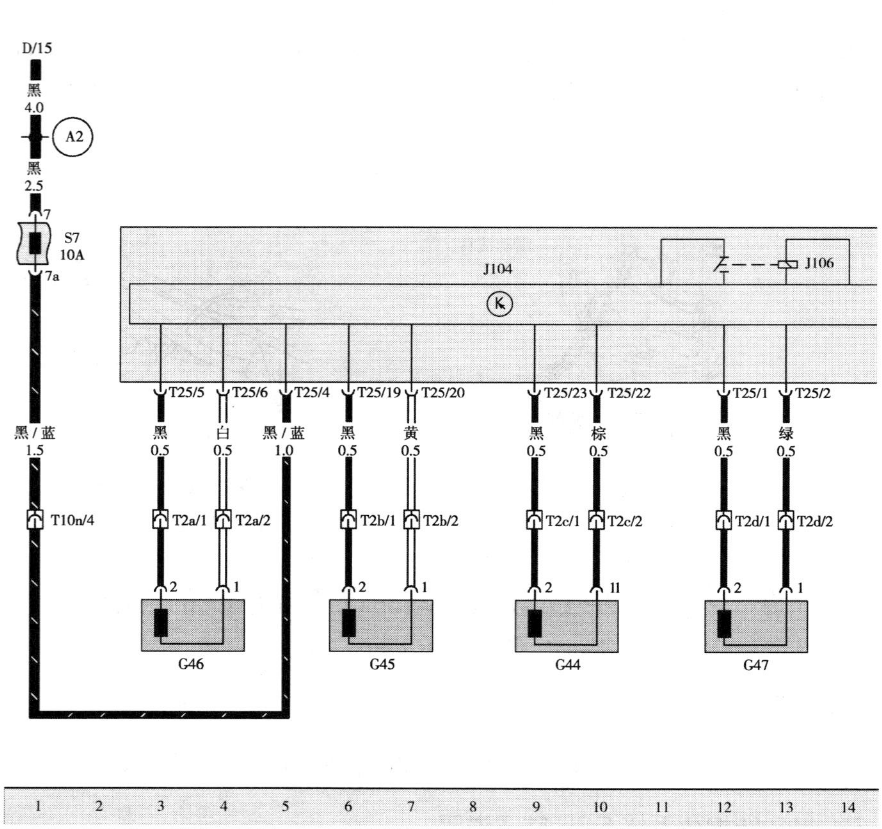

图 2-11 a)

D-点火开关；G44-右后车轮转速传感器；G45-右前车轮转速传感器；G46-左后车轮转速传感器；G47-左前车轮转速传感器；J104-ABS 控制单元，在液压单元上；J106-ABS 电磁阀的继电器；S7-熔断丝；7，10A，在熔断丝盒内；T2a-2 针插头，在后座椅下；T2b-2 针插头，在右前车轮壳体内；T2c-2 针插头，在后座椅下；T2d-2 针插头，在左前车轮壳体内；T10n-10 针插头，橙色，在左 A 柱处（15 号位）；T25-25 针插头，在 ABS 控制单元上；(A2)-正极连接线（15 号位），在仪表板线束内

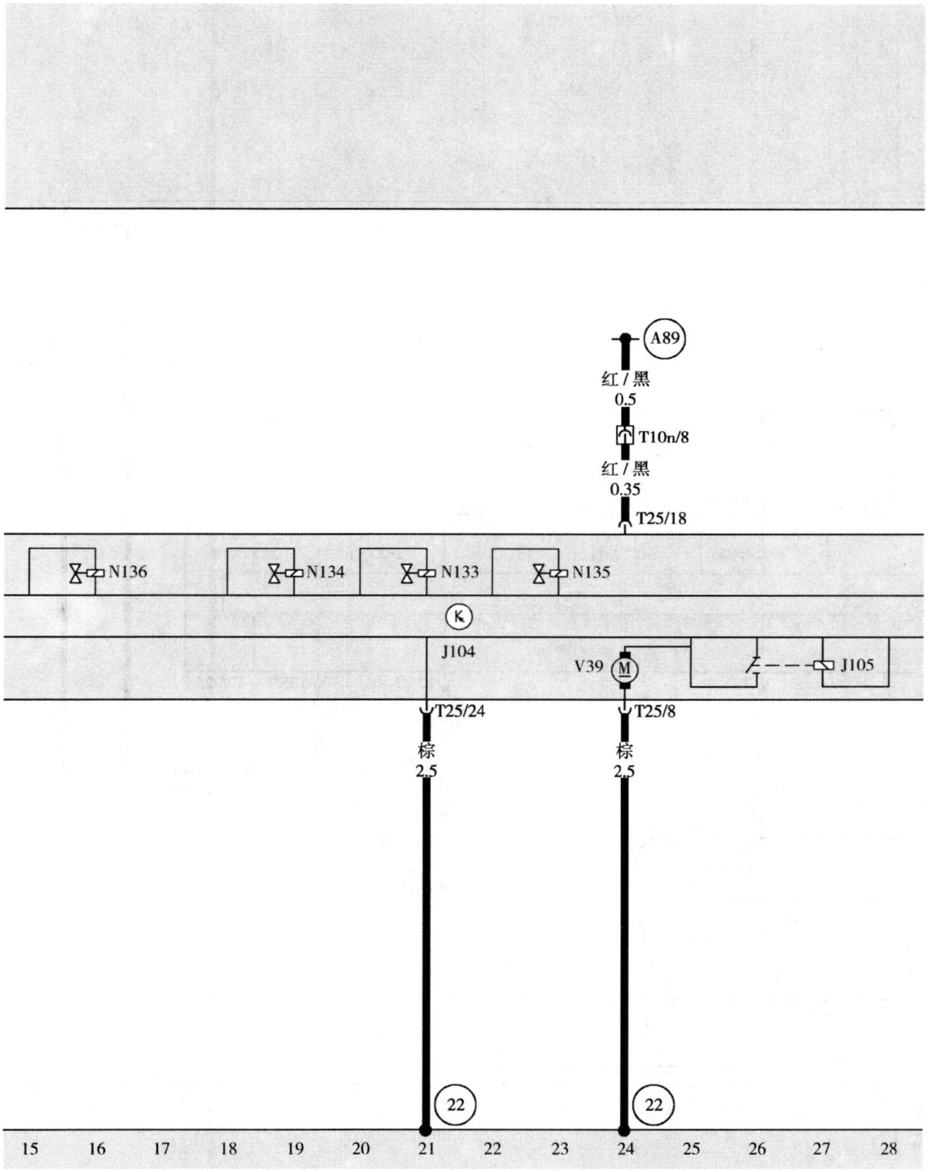

A89
红 / 黑
0.5
T10n/8
红 / 黑
0.35
T25/18
N136
N134
N133
N135
K
J104
V39
M
J105
T25/24
T25/8
棕
2.5
棕
2.5
22
22

15 16 17 18 19 20 21 22 23 24 25 26 27 28

图 2-11 b)

J104-ABS 控制单元,在液压单元上;J105-ABS 泵继电器;N133-右后 ABS 进油阀;N134-左后 ABS 进油阀;N135-右后 ABS 出油阀;N136-左后 ABS 出油阀;T10n-10 针插头,橙色,在左 A 柱处(15 号位);T25-25 针插头,在 ABS 控制单元上;V39-ABS 液压泵;A89-连接线(54),在仪表板线束内(制动灯开关);㉒-搭铁点,在挡水隔板左侧近液压泵处

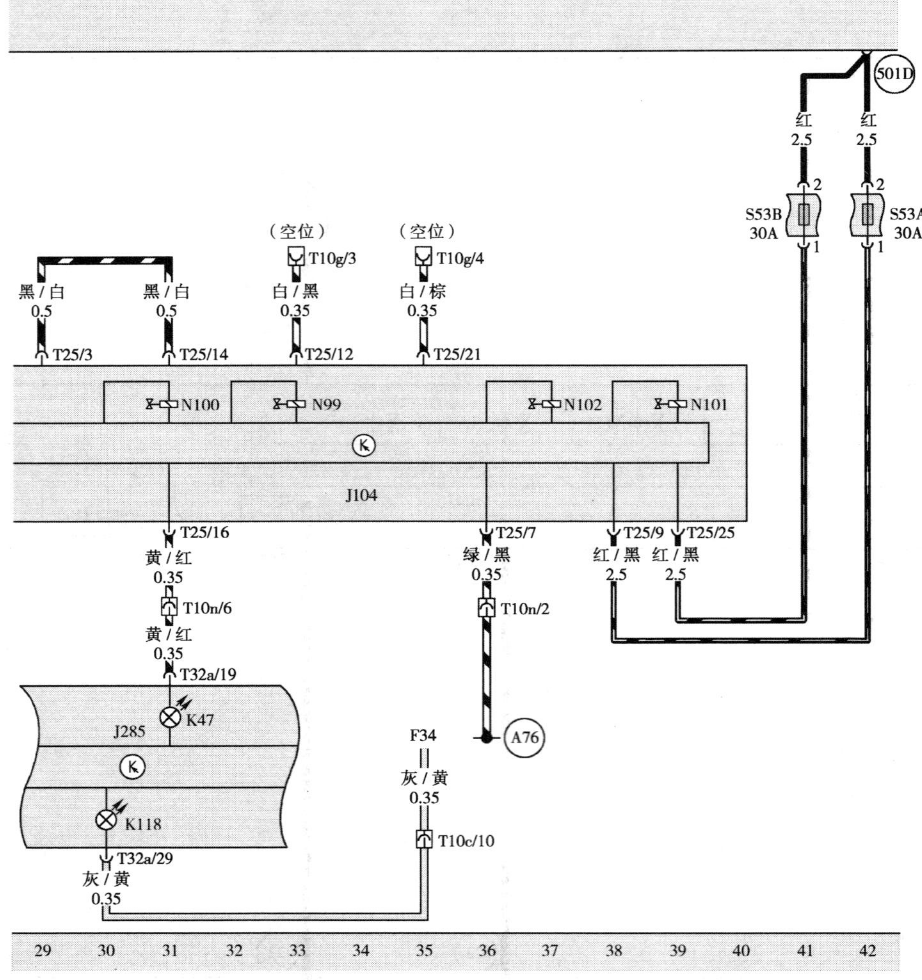

c)

图 2-11　上海帕萨特轿车制动防抱死系统电路图

F34-制动液位报警开关；J104-ABS 控制单元，在液压单元上；J220-发动机控制单元，在发动机室防护罩内；J285-组合仪表的控制单元；K47-ABS 警告灯；K118-制动系统警告灯；N99-右前 ABS 进油阀；N100-右前 ABS 出油阀；N101-左前 ABS 进油阀；N102-左前 ABS 出油阀；S53A-熔断丝，30A，在附加继电器板上；S53B-熔断丝，30A，在附加继电器板上；T10c-10 针插头，紫色，在左 A 柱处（17 号位）；T10g-10 针插头，灰色，在右 A 柱处（11 号位）；T10n-10 针插头，紫色，在左 A 柱处（15 号位）；T25-25 针插头，在 ABS 控制单元上 ；T32a-32 针插头，蓝色，在组合仪表上

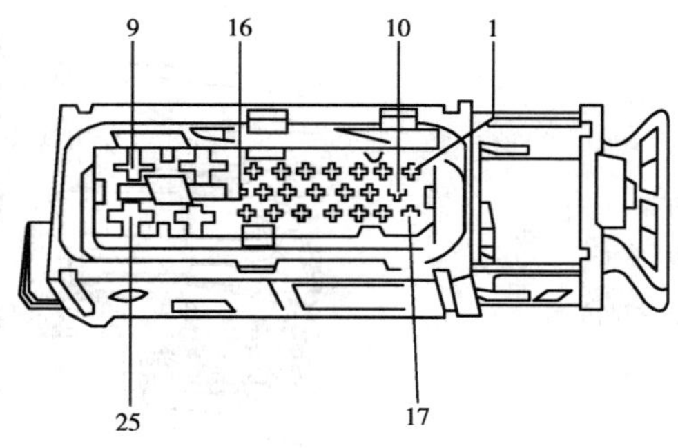

图 2-12 电子控制单元 25 针插头
1、9、10、16、17、25-插头序号

电子控制单元 25 针插头触点功能表 表 2-1

触 点	连 接 的 元 件	触 点	连 接 的 元 件
1	左前轮转速传感器 G47	14	触点 3
2	左前轮转速传感器 G47	15	空位
3	触点 14	16	ABS 指示灯 K47
4	点火开关(J104 供电器)	17	空位
5	左后轮转速传感器 G46	18	制动灯开关 F
6	左后轮转速传感器 G46	19	右前轮转速传感器 G45
7	诊断 K 线	20	右前轮转速传感器 G45
8	蓄电池(－)	21	空位
9	蓄电池(＋)	22	右后轮转速传感器 G44
10	空位	23	右后轮转速传感器 G44
11	空位	24	电源(－)
12	空位	25	电源(＋)
13	空位		

三、ECU 拆装工艺

帕萨特轿车制动防抱死系统的控制器由液压泵 V64、液压单元 N55、电子控制单元 J104 三部分组成,如图 2-13 所示,安装在发动机舱左侧,如图 2-14 所示。

1. 拆卸控制器总成

① 拆卸前应先查询音响密码。

② 断开蓄电池连接线。

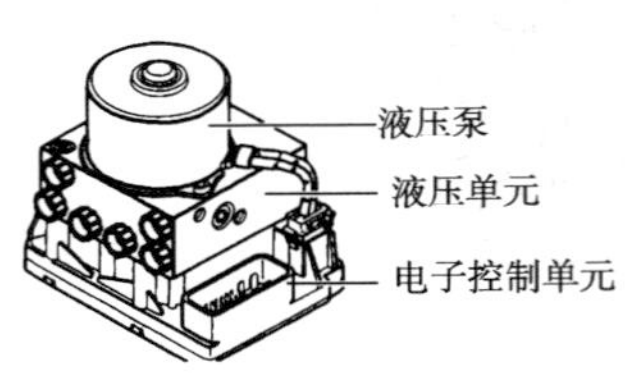

图 2-13　制动防抱死系统控制器

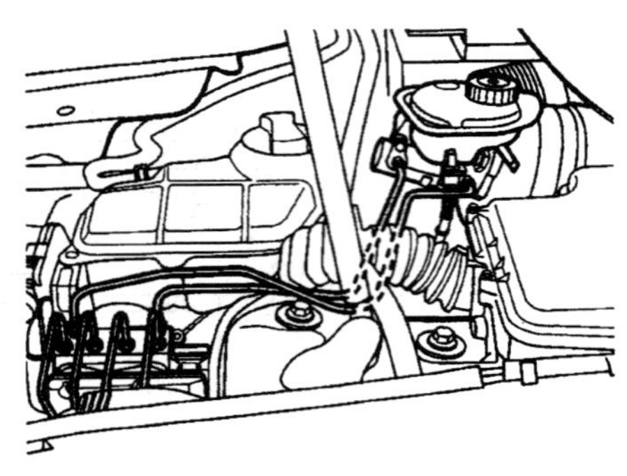
图 2-14　制动防抱死系统控制器安装位置

③ 拆下冷却液储液罐放置在一边，注意不必拆开管路。

④ 用吸瓶尽可能多地从制动液储液罐中吸出制动液。

⑤ 安装好制动踏板压下装置 V. G. A1869/2，并压下制动踏板。

⑥ 将放液瓶软管连接到左前轮制动钳排气螺栓上并拧开排气螺栓，放出制动液后将排气螺栓拧紧。

⑦ 拔下电子控制单元插头并拉出。

⑧ 在控制器下面垫上不起毛的大块抹布。

⑨ 松开控制器与制动主缸及制动工作缸的管路并包好。

⑩ 用修理包中的塞子将制动管和螺纹管密封好。

⑪ 拧下控制器支架上螺栓，将控制器总成拆下。

2. 从控制器上拆下电子控制单元

① 从控制器上拔下液压泵电机插头。

② 拧下控制器上内六角螺栓，并拉下电子控制单元，如图 2-15 所示。

③ 拉下电子控制单元时，确保液压单元阀相对于电子控制单元电磁阀不能倾斜，如图 2-16 所示。

④ 用不起毛的抹布盖住电子控制单元电磁线圈。

⑤ 电子控制单元和液压控制单元分离后，用储存包将阀包好。

3. 安装电子控制单元和液压单元

① 用新螺栓将电子控制单元固定到液压单元上，组合成控制器总成，拧紧力矩为 4N·m。

② 将液压泵电动机插头插上。

③ 将控制器总成固定到支架上。注意不要拧紧螺栓，以便安装制动管。

④ 按标记安装所有制动管并拧紧。

⑤ 拧紧控制器安装螺栓。

⑥ 给制动系统排气。

⑦ 输入音响密码。

⑧ 如果是更换电子控制单元,应重新编码。

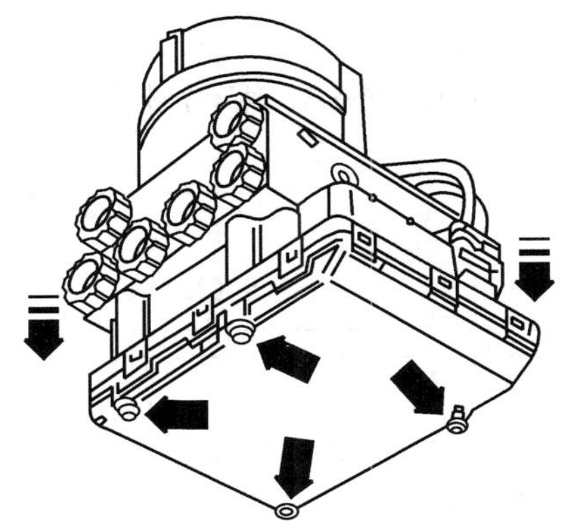

图 2-15 拆下电子控制单元

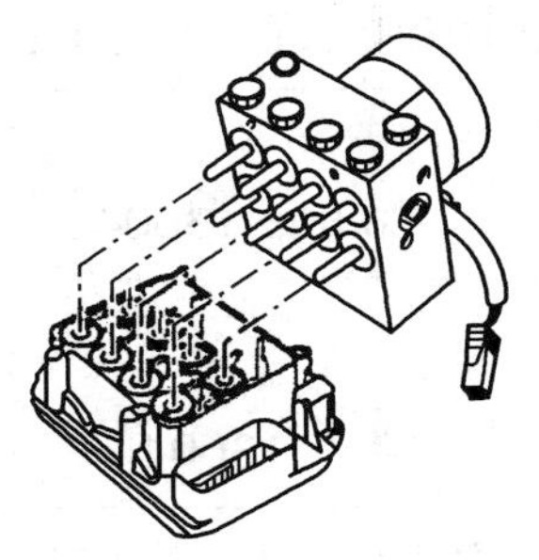

图 2-16 分离电子控制单元和液压控制单元

4. 给电子控制单元编码

① 连接 V. A. G1551/1552,选择 03 地址词"制动电子系统",屏幕显示:

Test of vehicle systems	HELP
Select function XX	

汽车系统测试	帮助
选择功能 XX	

② 输入 07"电子控制单元编码"功能,屏幕显示:

Test of vehicle systems	Q
07 – Code control unit	

汽车系统测试	确认
07 – 控制单元编码	

③按 Q 键确认,屏幕显示:

Code control unit	Q
Enter code number XXXXX(0 ~ 3200)	

控制单元编码	确认
输入编码 XXXXX(0 ~ 3200)	

④ 输入编码 13604(注:帕萨特 1.8T 车型 ABS 编码号为 13604),按 Q 键确认,屏幕显示:

	→
Coding 13604	WSCXXXXX

	→
编码 13604	WSCXXXXX

⑤ 按→键,屏幕显示

Test of vehicle systems	HELP
Select function XX	

汽车系统测试	帮助
选择功能 XX	

⑥ 输入 06“结束输出”,按 Q 键确认。

课题三　制动防抱死系统执行器的检修

一、执行器的拆卸

帕萨特 ABS 执行器由 4 组电磁阀和电动液压泵组成,称为液压控制单元。电磁阀控制进油和回油,调节制动压力。液压控制单元与电子控制单元组合为一个整体,统称为 ABS 控制器。控制器的拆装工艺见课题二。

二、执行器的检测

检测液压泵和液压循环的功能可以用 V. G. A1551/1552 的最终控制诊断,通过开闭阀门和释放压力来检查。方法如下:

① 将车辆升起,使 4 轮离地。

② 需要两个人配合操作,其中一人坐在驾驶员座位上操作 V. G. A1551/1552,一人站在车外转动车轮。

③ 反复踩、放制动踏板,排净制动系统内的空气。

④ 为了获得真空助力时相同的制动压力,踩制动踏板力必须增加。

⑤ 在检测时,仪器屏幕上显示简略缩写:

FL = Front Left　左前

FR = Front Right　右前

RL = Rear Left　左后

RR = Rear Right　右后

I = Inlet valve　进油阀

O = Outlet valve　出油阀

VBAT = Voltage Battery at valve　在阀上的电压

0V = 0 Volt; No voltage at valve　在阀上无电压

Locked/free = 车轮状态:锁死/放开

Hydr – P = Hydraulic pump　液压泵

⑥ 操作步骤:

a. 打开点火开关,松开驻车制动手柄,连接 V. G. A1551/1552,选择 03 地址"制动电子系统",屏幕显示:

Test of vehicle systems	HELP
Select function XX	

汽车系统测试	帮助
选择功能 XX	

b. 输入 03"最终控制诊断",屏幕显示:

Test of Vehicle systems	Q
03 Final control diagnosis	

汽车系统测试	确认
03 最终控制诊断	

c. 按 Q 键,屏幕显示:

Final control diagnosis	→
ABS hydraulic pump——V64	

最终控制诊断	→
ABS 液压泵——V64	

d. 在 50s 内必须按→键,液压泵 ABS – V64 必须工作,制动踏板一定要踩到底,屏幕显示:

Final control diagnosis	→
Operate brakes	

最终控制诊断	→
踩下制动踏板	

e. 按→键,屏幕显示:

Final control diagnosis			→
IFL 0V	OFL 0V	Wheel FL locked	

最终控制诊断	→
左前进油阀:0V;左前出油阀:0V;左前轮锁定	

f. 按→键,屏幕显示:

Final control diagnosis			→
IFL VBAT	OFL 0V	Wheel FL locked	

最终控制诊断	→
左前进油阀:蓄电池电压;左前出油阀:0V;左前轮锁定	

g. 按→键,ABS 液压泵 V64 必须工作,制动踏板不可放松,屏幕显示:

Final control diagnosis		→
IFL VBAT	OFL VBAT	Wheel FL free

最终控制诊断 →
左前进油阀:蓄电池电压;左前出油阀:蓄电池电压;
左前轮自由

h. 按→键,ABS 液压泵 V64 不再工作,屏幕显示:

Final control diagnosis →
IFL VBAT OFL 0V Wheel FL free

最终控制诊断 →
左前进油阀:蓄电池电压;左前出油阀:0V;左前轮自由

i. 按→键,制动踏板必须有松弛的感觉,屏幕显示:

Final control diagnosis →
IFL 0V OFL 0V Wheel FL locked

最终控制诊断 →
左前进油阀:0V;左前出油阀:0V;左前轮锁定

j. 按→键,屏幕显示:

Final control diagnosis →
Release brakes

最终控制诊断 →
松开制动踏板

k. 重复步骤 d ~ j,分别对右前、左后、右后电磁阀进行检测。

l. 按→键,ABS 故障指示灯和制动系统故障指示灯熄灭,屏幕显示:

Final control diagnosis →
EDL Valves/hyd-p. VBAT Wheel FL/FR locked

最终控制诊断	→
EDL 电磁阀工作，前左/前右车轮抱死	

m. 按→键，屏幕显示：

Function is unknown or cannot be carried out at the moment	→

未知的功能或此功能此时不能执行	→

n. 最终诊断完成，按→键，屏幕显示：

Test of vehicle systems	HELP
Select function XX	

汽车系统测试	帮助
选择功能 XX	

o. 输入 06“结束输出”。

⑦ 如果 ABS 故障指示灯不灭，说明系统中有故障存在，应进一步查找。

课题四　制动防抱死系统故障的检测

一、故障自诊断

故障自诊断就是利用故障指示灯来显示故障代码或显示故障，帕萨特轿车故障指示灯如图 2-17 所示。

1. 系统自检程序

打开点火开关，ABS 电子控制单元使 ABS 故障指示灯亮 2s，系统进行自检程序，电子控制单元完成下列功能：

① 检查供电电压。

② 检查电子控制单元和电磁阀线圈。

③ 检查车轮转速传感器。

④ 检查电子控制单元编码。

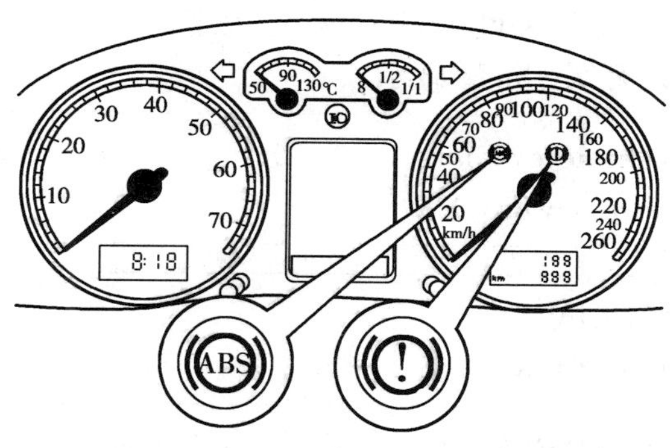

图 2-17　帕萨特轿车制动防抱死系统故障指示灯

2. 故障指示灯不灭可能存在的故障

在打开点火开关，自检程序完成后，如果 ABS 故障指示灯 K47 不灭，可能存在下列故障：

① 供电电压小于 10V。

② ABS 有故障。

③ 上次车辆起动后，传感器有故障。

④ 组合仪表控制单元触点 19 和 ABS 电子控制单元触点 16 之间断路。

⑤ ABS 故障指示灯损坏。

3. ABS 防抱死系统出现故障后制动系统仍起作用

在 ABS 防抱死系统出现故障后，防抱死系统关闭，但常规制动系统功能保留。

4. 车轮转速传感器出现偶发故障

在车轮转速传感器存在偶发故障的情况下，发动机重新起动，行驶车速超过 20km/h，ABS 故障指示灯将熄灭。

5. 制动系统故障指示灯常亮故障

如果 ABS 故障指示灯熄灭，但制动系统故障指示灯 K118 维持常亮，可能存在以下故障：

① 驻车制动手柄没有放松。

② 制动液面太低，需要补充。

③ 制动系统故障指示灯 K118 有故障。

二、电脑故障诊断仪诊断工艺

① 把换挡操纵杆座防尘套取下，将 V. G. A1551/1552 与诊断接

口连接。注意:点火开关此时应在关闭状态。

② 打开点火开关,屏幕显示:

Test of vehicle systems	HELP
Insert address word XX	

汽车系统测试	帮助
输入地址指令 XX	

③ 输入地址词 03"制动电子系统",屏幕显示:

Test of vehicle systems	Q
03 Break electronics	

汽车系统测试	确认
03 制动电子系统	

④ 按 Q 键确认,屏幕显示:

1 J0907379 Q ABS/EDS 20IE CAN 0001	→
Coding 13604 WSC XXXX	

1 J0907379 Q ABS/EDS 20IE CAN 0001	→
编码 13604 WSC XXXX	

说明:1 J0907379 Q 是控制单元零件号;ABS/EDS 20IE 是 ABS 产品型号;CAN 0001 是 CAN 版本号;Coding 13604 是控制单元编码;WSC XXXX 是维修站代码。

⑤ 按→键,屏幕显示:

Test of vehicle systems	HELP
Select function XX	

汽车系统测试	帮助
选择功能 XX	

⑥ 输入 02"查询故障存储"功能,屏幕显示:

Test of vehicle systems	Q
02 – Interrogate fault memory	

汽车系统测试	确认
02 – 查询故障存储	

⑦ 按 Q 键确认，然后在屏幕上显示所存储的故障，或者显示“未发现故障”。

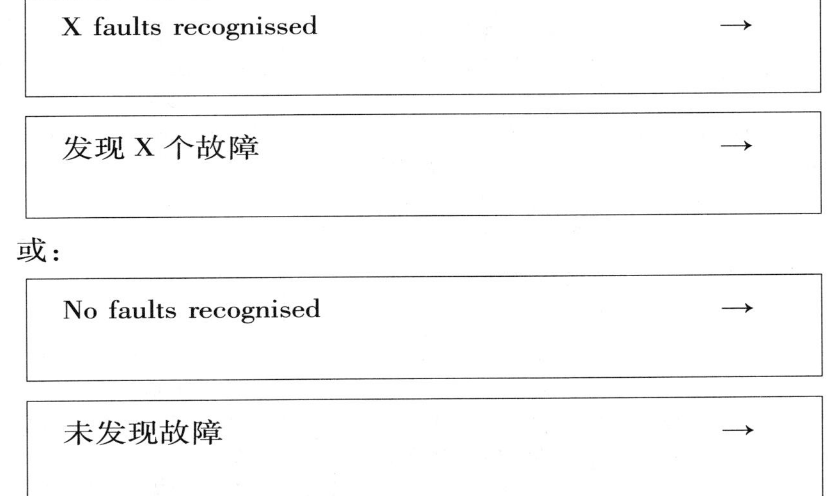

X faults recognissed →

发现 X 个故障 →

或：

No faults recognised →

未发现故障 →

如果有故障，按→键将所有故障代码依次显示出来，故障代码均以 5 位数字显示，故障代码表见表 2-2。

故 障 代 码 表 表 2-2

故障代码	可能的故障原因	故障的排除
No faults recognized 未发现故障	如果在维修完毕后，未发现故障，自诊断结束 如果显示未发现故障，ABS 不能正常工作，应按以下步骤进行： 1. 以大于 20km/h 的车速进行紧急制动试车 2. 重新查询故障码 3. 查找故障，全面进行电气系统检查	
00668 Vehicle voltage terminal 30 Signal outside tolerane 汽车 30 号线终端电压信号超差	电压供应线路、连接插头、熔断丝故障	检查控制单元供电线路、熔断丝和连接插头

续上表

故障代码	可能的故障原因	故障的排除
00283 Speed sensor front left-G47 左前轮转速传感器-G47	触点开路或松动： 转速传感器导线 连接插头 转速传感器线圈 转速传感器电路短路 转速传感器和齿圈的间隙超差(信号不正常)	检查转速传感器与控制单元的线路和连接插头 检查转速传感器和齿圈的安装间隙 08 功能"读测量数据块"
00285 speed sensor front right-G45 右前轮转速传感器-G45	触点开路或松动： 转速传感器导线 连接插头 转速传感器线圈 转速传感器电路短路 转速传感器和齿圈的间隙超差(信号不正常)	检查转速传感器与控制单元的线路和连接插头 检查转速传感器和齿圈的安装间隙 08 功能"读测量数据块"
00287 speed sensor rear right-G44 右后轮转速传感器-G45	触点开路或松动： 转速传感器导线 连接插头 转速传感器线圈 转速传感器电路短路 转速传感器和齿圈的间隙超差(信号不正常)	检查转速传感器与控制单元的线路和连接插头 检查转速传感器和齿圈的安装间隙 08 功能"读测量数据块"
00290 speed sensor rear left-G46 左后轮转速传感器-G46	触点开路或松动： 转速传感器导线 连接插头 转速传感器线圈 转速传感器电路短路 转速传感器和齿圈的间隙超差(信号不正常)	检查转速传感器与控制单元的线路和连接插头 检查转速传感器和齿圈的安装间隙 08 功能"读测量数据块"
01276 ABS hydraulic pump-V64 signal outside tolerance ABS 液压泵 V64 信号超差	液压泵电动机与控制单元连接线路对正极或对搭铁线路断路 液压泵电动机失效	检查线路 03 功能最终控制诊断

续上表

故障代码	可能的故障原因	故障的排除
65535 Control unit 控制单元	控制单元失效	更换控制单元
01044 Control unit incorrectly coded 控制单元编码不正确	控制单元 25 针插头触点 3 和 14 之间的接线断路或短路	检查插头线束的线路
01130 ABS operation Signal outside tolerance ABS 工作信号超差	由外界干扰信号源的电子干扰(高频发射,例如:非绝缘的点火电缆线)	检查步骤: 检查所有线路连接对正极或对搭铁端是否短路 清除故障代码 车速大于 20km/h 时进行紧急制动试车 再次查询故障代码是否清除

⑧ 故障代码显示完毕后,按→键返回初始位置,屏幕显示:

Test of vehicle systems	HELP
Insert address word XX	

汽车系统测试	帮助
输入地址指令 XX	

⑨ 输入 05“清除故障存储”功能。屏幕显示:

Test of vehicle systems	Q
05 – Rease fault memory	

汽车系统测试	确认
05 – 清除故障存储	

⑩ 按 Q 键确认,屏幕显示:

Test of vehicle systems	→
Fult memory is erased!	

汽车系统测试	→
故障已被清除	

⑪ 按→键退出,屏幕显示:

Test of vehicle systems	HELP
Select function XX	

汽车系统测试	帮助
选择功能 XX	

⑫ 输入 06“结束输出”功能,屏幕显示:

Test of vehicle systems	Q
06 end output	

汽车系统测试	确认
06 结束输出	

⑬ 按 Q 键确认,屏幕显示:

Test of vehicle systems	HELP
Select function XX	

汽车系统测试	帮助
选择功能 XX	

⑭ 关闭点火开关,拔下自诊断接头。

⑮ 发现故障后,按以下步骤进行:

a. 查询故障。

b. 排除故障。

c. 查询故障存储

d. 清除故障存储。

e. 结束输出。

f. 试车。

g. 再次查询故障存储。

⑯ 完成修理和试车后,一定要重新查询故障存储,并将其故障代码清除。试车时以大于 20km/h 的车速做紧急制动试车。

单元三　驱动防滑与稳定控制系统的检修

知识目标

1. 熟悉防滑控制系统电子控制单元各端子的功用。
2. 熟悉典型车型防滑控制系统的系统电路。

技能目标

1. 熟练掌握防滑控制系统车轮速度传感器的拆装与检修工艺。
2. 熟练识读防滑控制系统电路图。
3. 熟练掌握防滑控制系统执行器的检修工艺。
4. 熟练掌握防滑控制系统的故障检测工艺。

课题一　驱动防滑控制系统电路的识读与 ECU 的检修

一、驱动防滑与稳定控制系统电路

目前，上海帕萨特轿车（V6/2.8L）在制动防抱死系统 ABS 的基础上，增加了电子差速锁（EDL）和电子稳定控制系统（ESP），其驱动防滑与稳定控制系统的电路如图 3-1 所示。

电子稳定控制系统（ESP）的作用是在车辆行驶中，系统对车身行驶稳定性、转向时侧向滑动、加速性等，通过控制电子稳定控制系统的液压单元，施加车轮以制动力（ABS），并对差速器进行锁止（EDL），使车身稳定，增加行驶安全性。

二、驱动防滑与稳定控制系统 ECU 端子说明

上海帕萨特轿车（V6/2.8L）驱动防滑与稳定控制系统的电子控制单元的接口为 42 端子插头，如图 3-2 所示，各端子的功能见表 3-1。

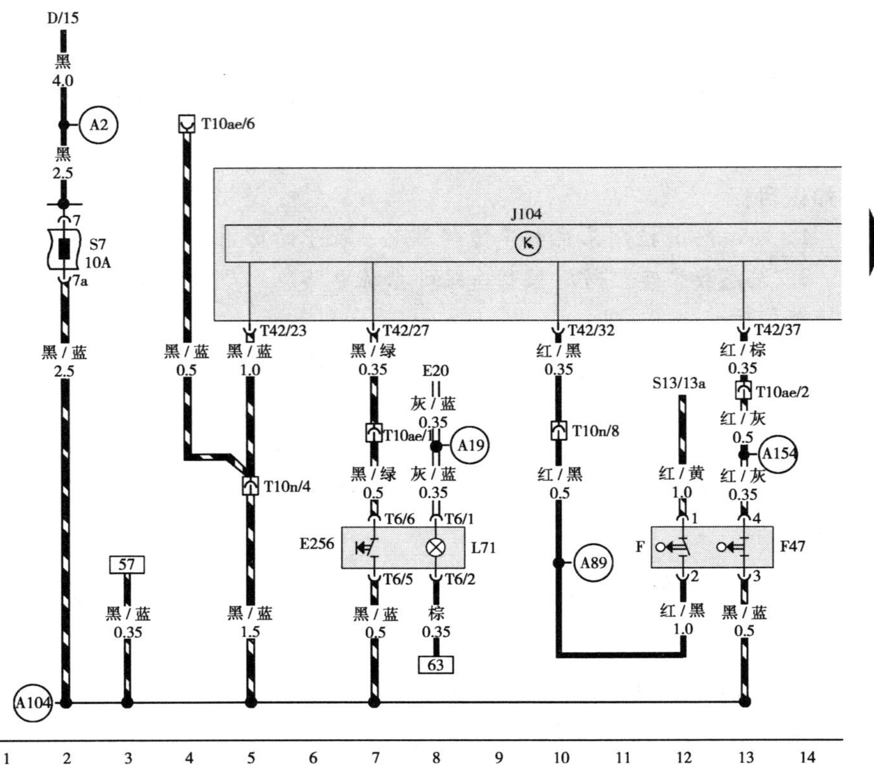

D - 点火开关

E20 - 开关和仪表照明控制

E256 - ESP 按扭

F - 制动灯开关

F47 - 制动踏板开关

J104 - 带有 EDL 的 ABS 控制单元

L71 - ESP 按扭照明灯

S7 - 熔断丝 7，10A，在熔断丝架上

S13 - 熔断丝 13，10A，在熔断丝架上

T6 - 6 针插头，红色，在 ESP 按钮上

T10n - 10 针插头，橙色，在左 A 柱处 (15 号位)

T10ae - 10 针插头，灰色，在右 A 柱处 (11 号位)

T42 - 42 针插头，在 ABS 控制单元上

(A2) - 正极连接线 (15)，在仪表板线束内

(A19) - 连接线 (58d)，在仪表板线束内

(A89) - 连接线 - 2 - (54)，在仪表板线束内

(A104) - 正极连接线 2 (15)，在仪表板线束内

(A154) - 连接线 (制动踏板开关)，在仪表板线束内

图 3-1 a)

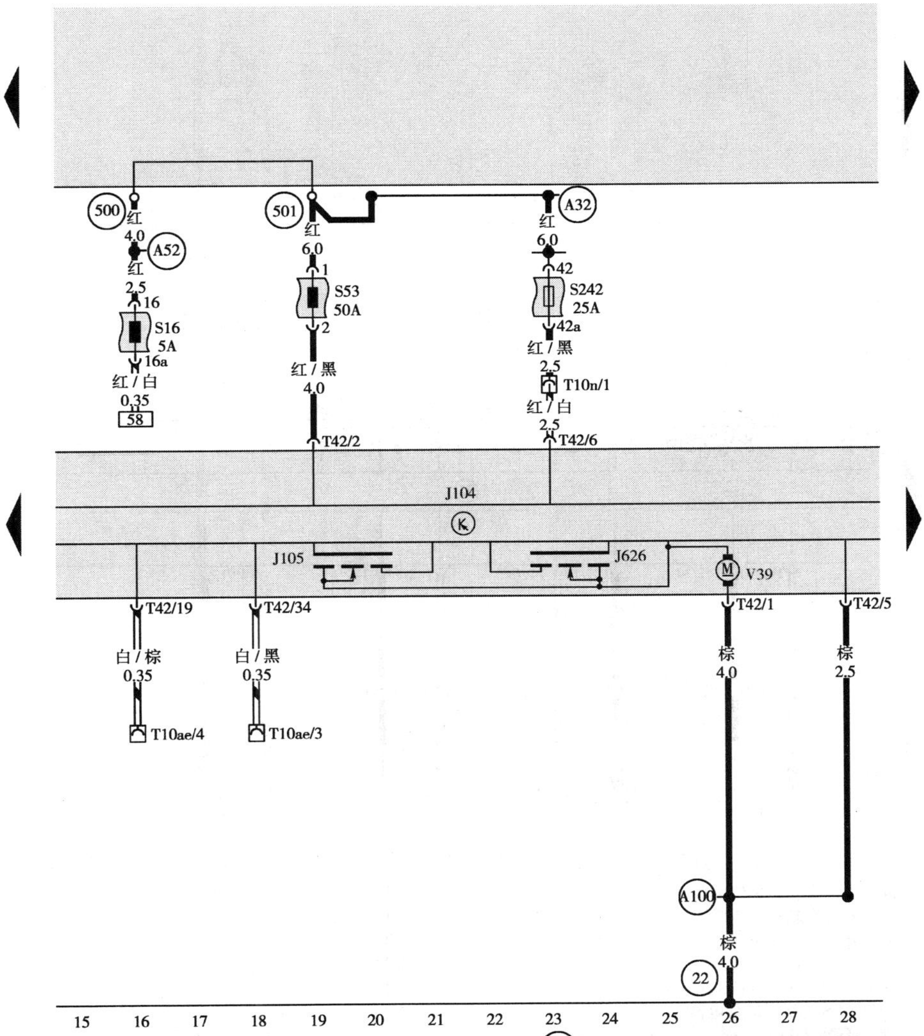

J104－带有 EDL 的 ABS 控制单元
J105－ABS 回油泵继电器
J626－ABS 回油泵继电器 2
S16－熔断丝 16，5A，在熔断丝架上
S53－ABS 液压泵熔断丝，50A，在附加继电器板上 E 号位
S242－熔断丝 42，25A，在熔断丝架上
T10n－10 针插头，橙色，在左 A 柱处 (15 号位)
T10ae－10 针插头，灰色，在右 A 柱处 (11 号位)
T42－42 针插头，在 ABS 控制单元上
V39－ABS 回油泵

(A32)－正极连接线 (30)，在仪表板线束内
(A52)－正极连接线－2－(30)，在仪表板线束内
(A100)－搭铁连接线－2－(87)，在仪表板线束内
(22)－搭铁点，在挡水隔板左侧近液压泵处
(500)－正极螺栓连接点 (30)，在中央电器板上
(501)－正极螺栓连接点 (30)，在中央电器板上

图 3-1　b)

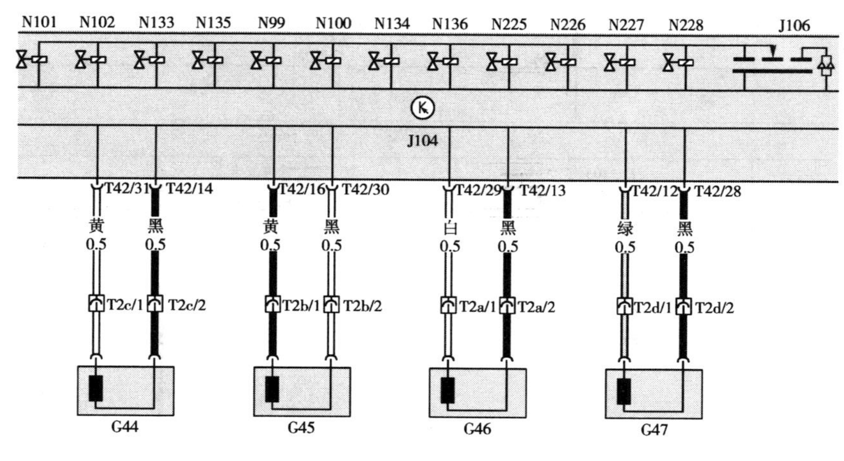

G44 - 右后车轮转速传感器
G45 - 右前车轮转速传感器
G46 - 左后车轮转速传感器
G47 - 左前车轮转速传感器
J104 - 带有 EDL 的 ABS 控制单元
J106 - ABS 电磁阀的继电器
N99 - 右前 ABS 进油阀
N100 - 右前 ABS 出油阀
N101 - 左前 ABS 进油阀
N102 - 左前 ABS 出油阀
N133 - 右后 ABS 进油阀
N134 - 左后 ABS 进油阀
N135 - 右后 ABS 出油阀
N136 - 左后 ABS 出油阀
N225 - ESP 开关阀 1
N226 - ESP 开关阀 2
N227 - ESP 高压阀 1
N228 - ESP 高压阀 2
T2a - 2 针插头，在后座椅垫下左侧
T2b - 2 针插头，在右前车轮上方，车轮壳体内
T2c - 2 针插头，在后座椅垫下右侧
T2d - 2 针插头，在左前车轮上方，车轮壳体内
T42 - 42 针插头，在 ABS 控制单元上

图 3-1　c）

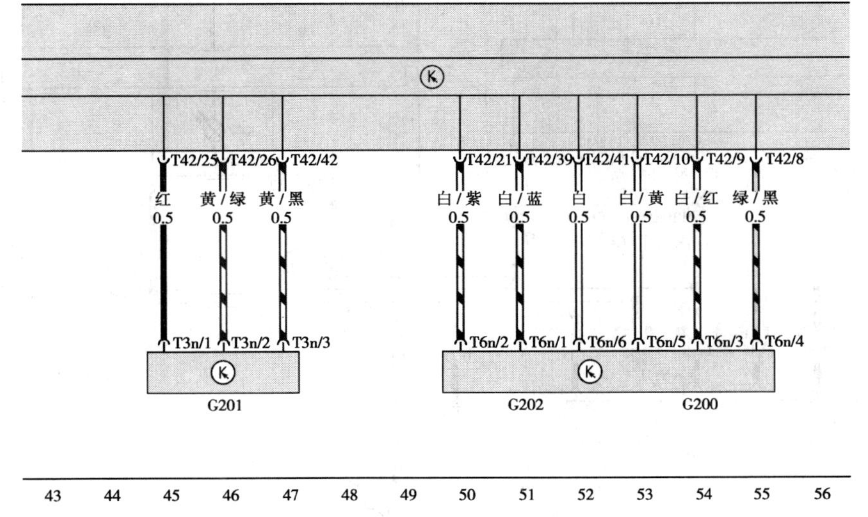

G200－侧向加速传感器，位于后座椅下中间

G201－制动压力传感器 1，在液压单元上

G202－偏转率传感器，位于后座椅下中间

J104－带有 EDL 的 ABS 控制单元

T3n－3 针插头，在制动压力传感器上

T6n－6 针插头，黑色

T42－42 针插头，在 ABS 控制单元上

图 3-1　d）

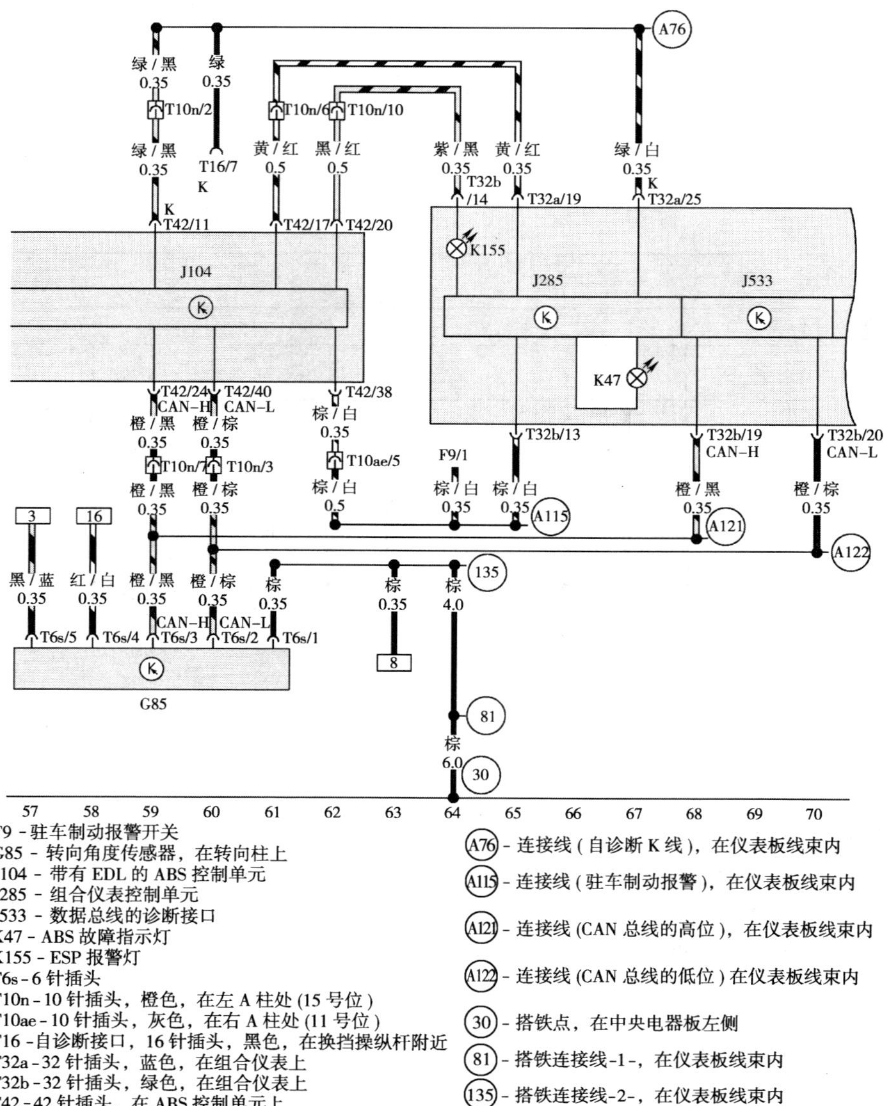

F9 - 驻车制动报警开关
G85 - 转向角度传感器，在转向柱上
J104 - 带有 EDL 的 ABS 控制单元
J285 - 组合仪表控制单元
J533 - 数据总线的诊断接口
K47 - ABS 故障指示灯
K155 - ESP 报警灯
T6s - 6 针插头
T10n - 10 针插头，橙色，在左 A 柱处 (15 号位)
T10ae - 10 针插头，灰色，在右 A 柱处 (11 号位)
T16 - 自诊断接口，16 针插头，黑色，在换挡操纵杆附近
T32a - 32 针插头，蓝色，在组合仪表上
T32b - 32 针插头，绿色，在组合仪表上
T42 - 42 针插头，在 ABS 控制单元上

(A76) - 连接线 (自诊断 K 线)，在仪表板线束内
(A115) - 连接线 (驻车制动报警)，在仪表板线束内
(A121) - 连接线 (CAN 总线的高位)，在仪表板线束内
(A122) - 连接线 (CAN 总线的低位) 在仪表板线束内
(30) - 搭铁点，在中央电器板左侧
(81) - 搭铁连接线-1-，在仪表板线束内
(135) - 搭铁连接线-2-，在仪表板线束内

e)

图 3-1　上海帕萨特轿车驱动防滑与稳定控制系统电路

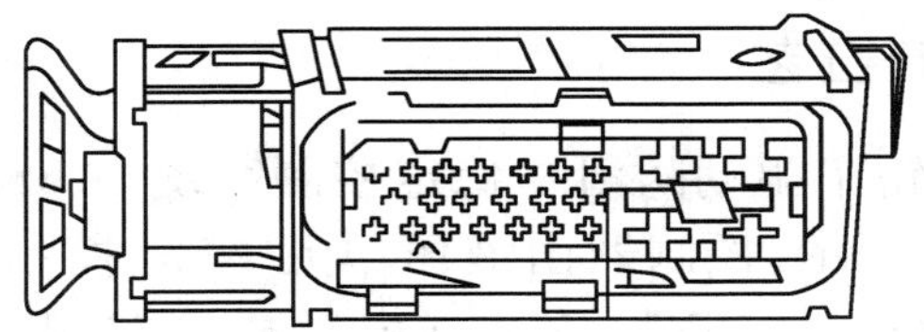

图 3-2 ABS/ESP 电子控制单元 42 端子插头

ABS/ESP 电子控制单元 42 端子插头触点功能表 表 3-1

端子序号	连接的元件	端子序号	连接的元件
1	搭铁线	22	接仪表板
2	接 ABS 液压泵熔断丝 S53(50A)	23	接左 A 柱 10 针插头(橙色)的 4 号端子
3	接仪表板	24	接左 A 柱 10 针插头(橙色)的 7 号端子(CAN－H)
4	接仪表板	25	接制动压力传感器 G201 的 1 号端子
5	搭铁线	26	接制动压力传感器 G201 的 2 号端子
6	接左 A 柱 10 针插头(橙色)的 1 号端子	27	接右 A 柱 10 针插头(灰色)的 1 号端子,经 ESP 按钮接点火开关 D/15
7	接仪表板	28	接左前轮转速传感器 G47 的 2 号端子
8	接偏转率传感器 G202 和侧向加速度传感器 G200 的 4 号端子	29	接左后轮转速传感器 G46 的 1 号端子
9	接偏转率传感器 G202 和侧向加速度传感器 G200 的 3 号端子	30	接右前轮转速传感器 G45 的 2 号端子
10	接偏转率传感器 G202 和侧向加速度传感器 G200 的 5 号端子	31	接右后轮转速传感器 G44 的 1 号端子
11	接左 A 柱 10 针插头(橙色)的 2 号端子,与仪表电脑 J285 的 T32a/25 相通(自诊断 K 线)	32	接左 A 柱 10 针插头(橙色)的 8 号端子
12	接左前轮转速传感器 G47 的 1 号端子	33	接仪表板
13	接左后轮转速传感器 G46 的 2 号端子	34	接右 A 柱 10 针插头(灰色)的 3 号端子
14	接右后轮转速传感器 G44 的 2 号端子	35	接仪表板
15	接仪表板	36	接仪表板
16	接右前轮转速传感器 G45 的 1 号端子	37	接右 A 柱 10 针插头(灰色)的 2 号端子
17	接左 A 柱 10 针插头(橙色)的 6 号端子,与仪表电脑 J285 的 T32a/19 相通	38	接右 A 柱 10 针插头(灰色)的 5 号端子
18	接仪表板	39	接偏转率传感器 G202 和侧向加速度传感器 G200 的 1 号端子
19	接右 A 柱 10 针插头(灰色)的 4 号端子	40	接左 A 柱 10 针插头的 3 号端子(CAN－L)
20	接左 A 柱 10 针插头(橙色)的 10 号端子,经仪表电脑 J285 控制 ESP 报警灯 K155 工作	41	接偏转率传感器 G202 和侧向加速度传感器 G200 的 6 号端子
21	接偏转率传感器 G202 和侧向加速度传感器 G200 的 2 号端子	42	接制动压力传感器 G201 的 3 号端子

三、ECU 的拆装工艺

上海帕萨特轿车驱动防滑与稳定控制系统(ABS/EDL/ESP)的基本组成,如图 3-3 所示,控制器由液压单元 N55、控制单元 J104 组成,并作为不能分离的独立部件,安装在发动机舱左侧。如果发现故障,液压单元和控制单元必须作为整体一起更换。

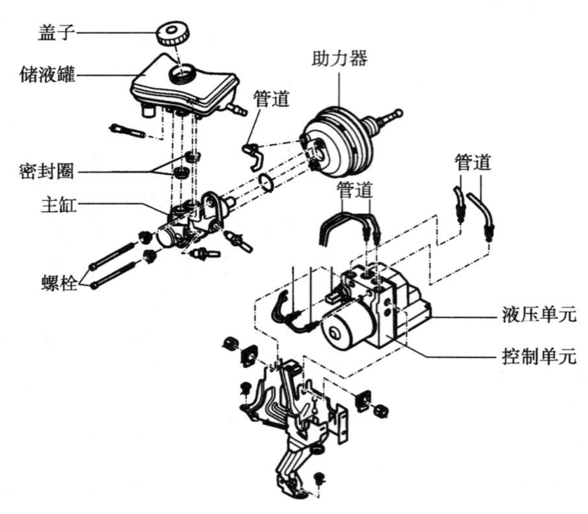

图 3-3 驱动防滑与稳定控制系统(ABS/EDL/ESP)的基本组成

控制单元和液压单元的拆卸顺序如下:

① 记下带有防盗密码的收放机的密码;

② 断开蓄电池接线柱连线;

③ 松开冷却液膨胀箱的连接螺栓,并将冷却液膨胀箱放置在一边,保持冷却液管路仍然连接,如图 3-4 所示;

④ 按照箭头方向,松开控制单元的插头并拔下,如图 3-5 所示;

⑤ 拔下压力传感器的插头;

⑥ 安装好 V. G. A1869/2 中的制动踏板压紧器;

⑦ 把制动踏板踩到底;

⑧ 将制动液收集容器软管连接到左前轮制动钳放油螺栓上,并打开放油螺栓;

⑨ 待制动液流完后,关闭左前轮制动钳放油螺栓;

⑩ 将足够的无绒布放置在控制单元和液压单元下，保证制动液不接触到触点上；

⑪ 从液压单元上松开制动管路；

⑫ 将制动管路密闭，并用修理包 1H0 698 311A 中的塞子将螺纹孔密封；

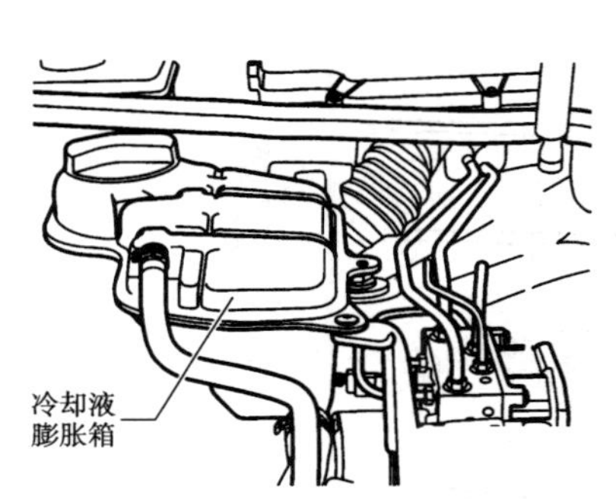

图 3-4　冷却液膨胀箱的拆卸

图 3-5　松开控制单元的插头并拔下

⑬ 从底部松开卡箍，并按箭头方向拆卸，如图 3-6 所示；

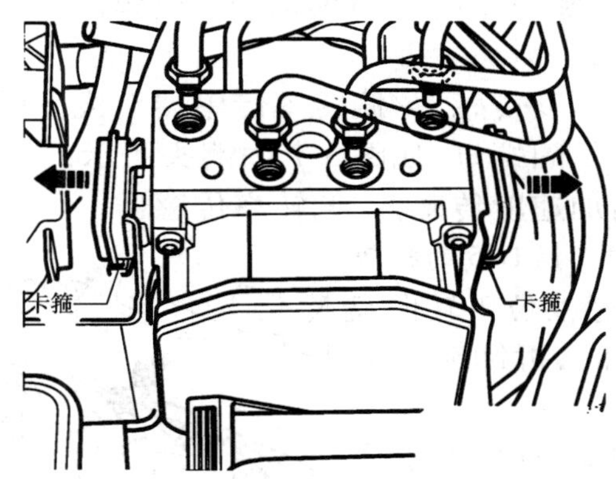

图 3-6　松开卡箍

⑭ 拆卸液压单元。

控制单元和液压单元的安装顺序与拆卸顺序相反，并注意只有在安装相应的制动管时才可以拆卸密封塞，同时安装完成后必须排气。

课题二　驱动防滑控制系统传感器的检修

一、各传感器的拆卸工艺

1. 侧向加速度传感器 G200 和偏转率传感器 G202 的拆卸

这两个传感器是集成在一个罩壳内的整体，位于后座下，如图3-7所示。拆卸顺序如下：

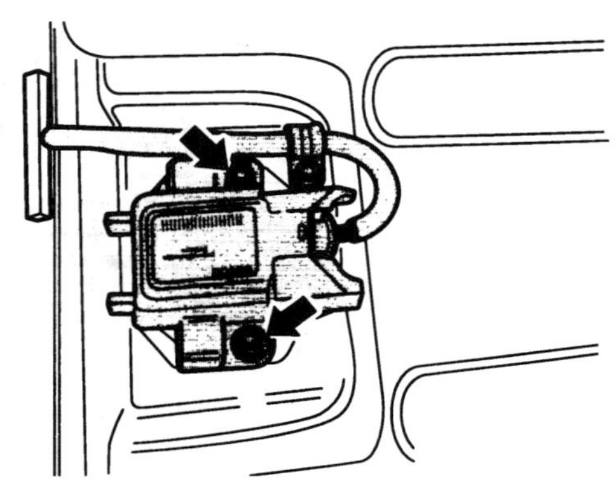

图 3-7　侧向加速度传感器和偏转率传感器位置

① 拆卸后座；

② 从侧向加速度传感器/偏转率传感器上拔下插头；

③ 拆下两个紧固螺母，如图 3-7 中箭头所示；

④ 取出侧向加速度传感器/偏转率传感器。

2. 转向角度传感器 G85 的拆卸

转向角度传感器位于转向盘和转向柱开关之间，拆卸顺序如下：

① 将前轮和转向盘置于直线向前行驶位置；

② 拆卸转向盘；

③ 小心地松开 4 个紧固夹箍，如图 3-8 中箭头所示，并沿着转向柱朝转向盘的方向将转向角度传感器取出。

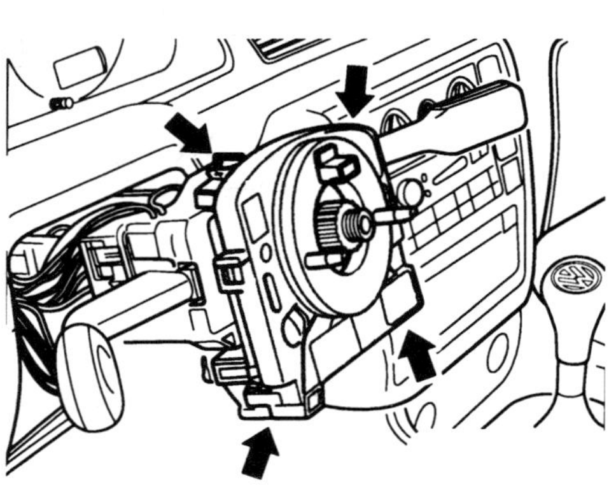

图 3-8　松开 4 个紧固夹箍

④ 松开转向角度传感器的插头，如图 3-9 中箭头所示。

3. 制动压力传感器 G201 的拆卸

制动压力传感器装在液压控制单元上，其拆卸顺序如下：

① 松开冷却液膨胀箱的两个连接螺栓，并将冷却液膨胀箱放置在一边，冷却液管路仍然保持连接，如图 3-10 所示；

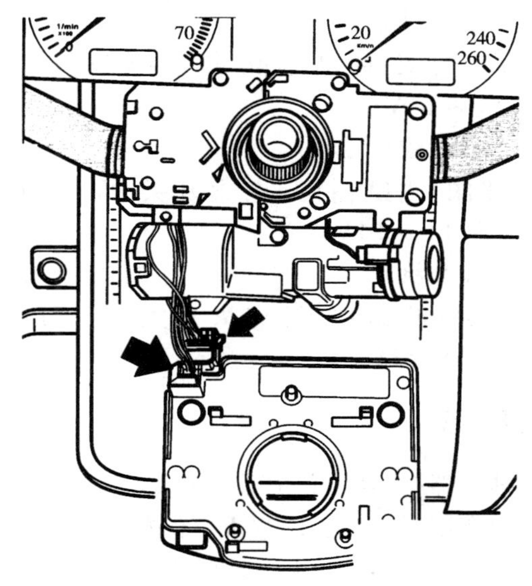

图 3-9　松开转向角度传感器的插头

② 从制动压力传感器 2 上拔下插头 1，如图 3-11 所示；

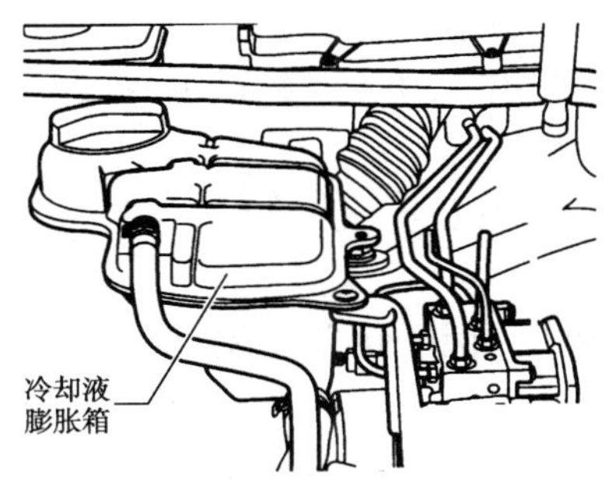

图 3-10　松开冷却液膨胀箱的两个连接螺栓

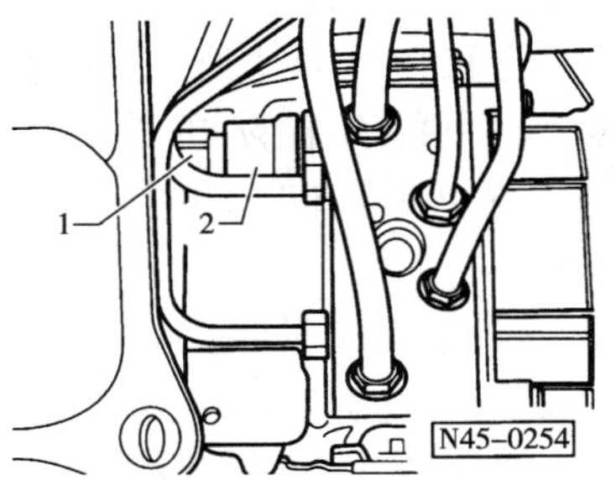

图 3-11　拔下制动压力传感器插头
1-制动压力传感器插头；2-制动压力传感器

③ 将足够的无绒布垫在控制单元和液压单元下；

④ 拆卸制动压力传感器。

二、各传感器的检修工艺

1. 侧向加速度传感器/偏转率传感器的检修

侧向加速度传感器的测试：用 $2.3m/s^2$ 的加速度移动车辆并左转弯，用万用表测量信号电压，约为 4.75 ~5.25V。

偏转率传感器的测试：移动车辆并往左转动转向盘，用万用表测量信号电压，应为 11 ~14V。

2. 转向角度传感器的检修

转向角度传感器的测试：打开点火开关，左、右转动转向盘，用万用表测量信号电压为 11 ~14V。

3. 制动压力传感器的检修

制动压力传感器的测试：打开点火开关，用万用表测量压力传感器信号电压为 4.75 ~5.25V。

三、传感器装复工艺

1. 侧向加速度传感器/偏转率传感器的装复

安装时，要保证侧向加速度传感器/偏转率传感器准确定位在支架上，并且没有应力作用，不得以安装螺母来强制定位侧向加速度传感器/偏转率传感器。

2. 转向角度传感器 G85 的装复

转向角度传感器 G85 的装复顺序如下：

① 将前轮和转向盘置于直线向前行驶位置；

② 将转向角度传感器处于中间位置并压下，直到凸耳啮合；

③ 取下储存箱防护盖；

④ 必须在转向角度传感器孔内看到黄色标记，如图 3-12 中箭头 1 所示；

⑤ 在图 3-12 中右下方的箭头处装配标记也必须对准，保证转向角度传感器不偏离中间位置；

⑥ 使用 VAS5051 检测仪的“引导性故障查询”功能，进行零位校正。

3. 制动压力传感器的装复

制动压力传感器的装复顺序与拆卸相反，拧紧力矩为 20N · m，

并将制动系统排气。

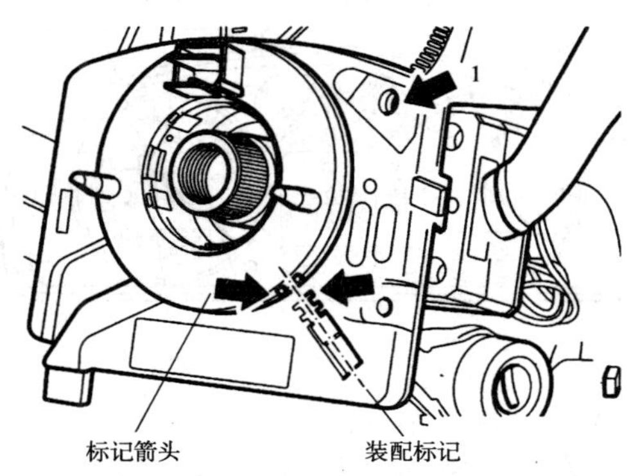

图 3-12　在孔内看到黄色标记

课题三　驱动防滑控制系统的故障检测

一、诊断系统故障代码的读取与清除

上海帕萨特轿车最适宜的故障诊断仪是大众专用 V. A. G1551/1552 故障诊断仪,其可选择的功能有:

01——询问控制单元版本;

02——查询故障存储;

03——最终控制诊断;

04——基本设定;

05——清除故障存储;

06——结束输出;

07——控制单元编码;

08——读测量数据块。

上海帕萨特轿车 ABS/EDL/ESP 故障指示灯如图 3-13 所示。

上海帕萨特轿车如果 ESP 故障指示灯在接通点火开关并完成测试步骤后不熄灭,则存在一个只影响到 ESP 的故障,此时车辆上的 ABS/EDL 功能仍然完全有效,可能的故障为:

① ESP 按钮对正极短路;

② ESP 故障指示灯搭铁线短路;

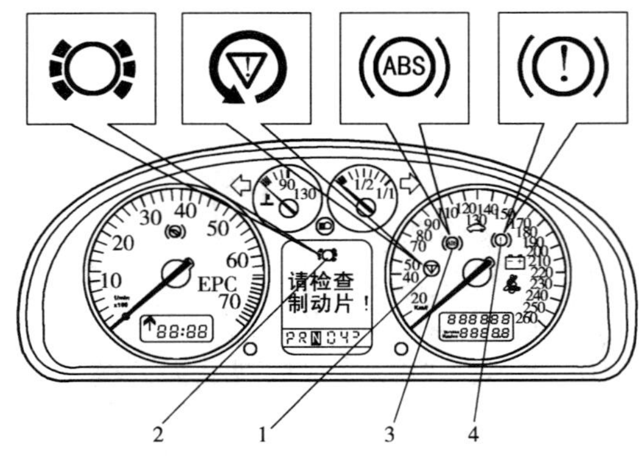

图 3-13　上海帕萨特轿车 ABS/EDL/ESP 故障指示灯

1-电子稳定系统 ESP 故障指示灯 K155；2-制动片磨损故障指示灯 K32；3-ABS 故障指示灯 K47；4-制动系统故障指示灯 K118

③ 仪表板与控制单元 J104 的触点 31 之间的导线连接断路；

④ 用 E256 按钮关闭了 ESP 系统。

如果在驾驶过程中故障指示灯 K155 闪烁，则 ESP 系统正在调整系统。

用 V. A. G1551/1552 故障诊断仪读取与清除故障代码的步骤如下：

V.A.G1551/1552

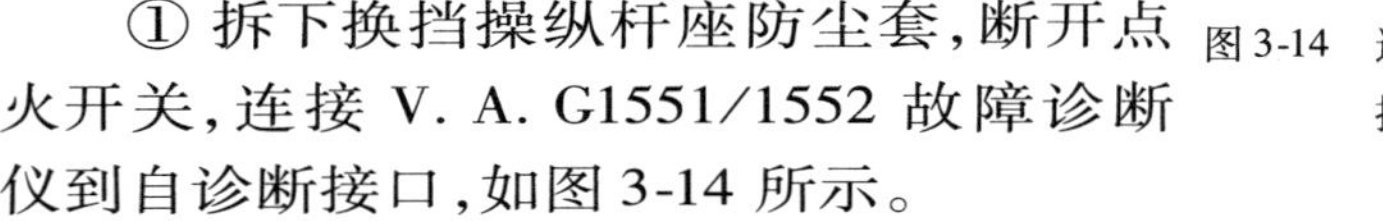

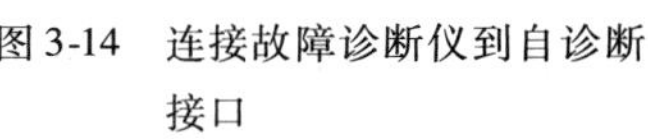

图 3-14　连接故障诊断仪到自诊断接口

① 拆下换挡操纵杆座防尘套，断开点火开关，连接 V. A. G1551/1552 故障诊断仪到自诊断接口，如图 3-14 所示。

② 打开点火开关，则屏幕显示：

Test of vehicle systems	HELP
Insert address word XX	

汽车系统测试	帮助
输入地址指令 XX	

③ 输入地址词 03，则屏幕显示：

Test of vehicle systems	Q
03 Break electronics	

汽车系统测试	确认
03 制动电子系统	

④ 按 Q 键确认,屏幕显示:

1 J0907379 Q ABS/EDS 20IE CAN0001	→
Coding 13604 WSC XXXXX	

1 J0907379 Q ABS/EDS 20IE CAN0001	→
编码 13604 WSC XXXXX	

⑤ 按→键,屏幕显示:

Test of vehicle systems	HELP
Select function XX	

汽车系统测试	帮助
选择功能 XX	

⑥ 输入 02 选择功能,屏幕显示:

Test of vehicle systems	Q
02-Interrogate fault memory	

汽车系统测试	确认
02-查询故障存储	

⑦ 键入 Q 确认,屏幕显示“发现 X 个故障”或“未发现故障”:

X faults recognissed

发现 X 个故障

NO faults recognissed

未发现故障

⑧ 按→键,所显示的故障依次显示出来。

⑨ 按→键,返回初始位置。

⑩ 输入选择功能05“清除故障存储”,并按Q确认,则清除故障代码的存储。

⑪ 输入选择功能06“结束输出”,并关闭点火开关,拔下自诊断接头。

二、电脑故障诊断仪自诊断

电子控制系统出现故障后,控制单元可记忆相应的故障代码,用故障诊断仪可以读取、清除故障代码,还可以阅读数据流并进行液压控制单元电磁阀测试、电子稳定控制系统液压回路测试,系统排气测试等,只要按提示操作即可。在对ABS/ESP进行检修之前,应先排除常规制动系统故障。

三、制动器排气程序

在执行ABS/ESP制动器排气程序之前,必须完成常规的制动系统排气程序。具体步骤是:

(1) 连接专用诊断设备,起动发动机并怠速运行。

(2) 执行菜单中“制动器排气程序”中所列提示。注意:在执行该程序期间,确保制动总泵中的制动液位不低于最低液位。

(3) 关闭点火开关,并从数据链路连接器(DLC)上断开诊断仪。

(4) 用规定品牌的制动液加注制动总泵储液罐至最高液位。

(5) 执行常规制动系统制动器的排气操作。

(6) 关闭点火开关,踩下制动踏板3~5次,以耗尽制动助力器中的真空储备压力。

(7) 缓慢踩下制动踏板,如果感觉制动踏板踩下去绵软,重复ABS/ESP制动器排气操作。

(8) 重复ABS/ESP制动器排气操作后,如果仍然感觉制动器踏板踩下去绵软,检查制动系统是否存在外部或内部泄漏。

(9) 保持发动机熄火并且不使用驻车制动器,然后接通点火开关,如果驻车制动器/制动器故障指示灯保持点亮,先诊断并排除

故障。

（10）路试车辆，执行 ABS/ESP 自检初始化程度，如果感觉制动踏板踩下去绵软，重复 ABS/ESP 制动器排气操作，直到制动踏板踩下去感觉坚实。

（11）检查 ABS/ESP 系统的运行状况。

四、帕萨特 2.8/V6 轿车更换控制器 J104 或转向角度传感器 G85 后，对 ESP 的设定

在更换控制器 J104 或转向角度传感器 G85 后，必须进行控制器编码和对转向角度传感器进行补偿的操作；否则，ESP 系统无法正常工作。

设定步骤：

（1）连接故障诊断仪 V. A. G1552，接通点火开关并输入地址码 03。

（2）进入 08 阅读测量数据块，选择 005 显示组观察第一显示区（注：在进行设定前车辆转向盘必须处在直线行驶位置，转向角的额定值应为 ±5°）。

（3）按 C 键退出，输入 11 选择登入，输入登入码 09597。

（4）选择功能 07 对控制器进行编码，输入编码 04297。

（5）继续对转向角度传感器 G85 进行 0 位补偿，输入 11 选择登入，输入登入码 40168。

（6）选择功能 04 进行基础设定，选择显示组 001，若 V. A. G1552 显示屏出现 OK 字样，表示设定步骤已完成。若不出现 OK 字样，表示设定步骤没有成功，须再次检查 005 显示组第一显示区中转向角度的额定值并重新设定。

参 考 文 献

[1] 李春生主编. 现代汽车技术. 北京:人民交通出版社,1999.

[2] 上海大众汽车有限公司. 上海帕萨特轿车 ABS 制动系统维修手册. 上海:上海大众汽车有限公司,2001.

[3] 上海大众汽车有限公司. 上海帕萨特轿车 ABS/ESP 维修手册. 上海:上海大众汽车有限公司,2002.